朝日新書
Asahi Shinsho 840

60歳からの教科書

お金・家族・死のルール

藤原和博

朝日新聞出版

はじめに

人生は掛け算だ。

私がこの本で伝えたいのは、たった一つのこと。
人生とは、足し算でも引き算でもなく、意外なもの同士を掛け合わせる「掛け算」だということ。

本書を手に取ったあなたはこれまで多くの本を読み、多くの人に出逢ってきたと思う。
そして、もうすぐ退職が迫っているか、それ以降の人生について迷いがある世代だ。
もう40年近く、会社や組織で勤めた経験があるかもしれない。

あなたが会社や組織で働いた40年間は、激動の時代だった。好景気を味わったこともあれば、度重なる不況も生き抜いてきた。団塊の世代の上司たちにこってりと絞られたこともあるだろう。パワハラという言葉がなかった時代に鍛えられた。

ポケベルは携帯電話からスマホへ、ワープロはノートパソコンを経てタブレットへ。

実にさまざまな技術革新が起こった。

組織の中では望み通りの昇進を果たしたこともあれば、挫折を経験し、不遇な思いもしたはずだ。あるいは私のように、突然の病によって出世の道が絶たれた経験があるかもしれない。

あなたが必死で働いてきた時代に、社会全体では成長社会から成熟社会への地殻変動が起きていた。仕事・教育・家族を始めとしたあなたの「人生」に関わるありとあらゆる分野で、価値観が変わった。

だから、親世代が持っていた価値観は、歳を重ねるごとに時代遅れとなってしまった。

私自身も戦後の日本社会がつくり上げたサイボーグだ。

高速で事務処理をすることに長けたホワイトカラーになるよう、子どもの頃から育てられた。「早くしなさい、ちゃんとしなさい、いい子にしなさい」の呪文は、親からだけでなく、学校から、地域社会から、日本全体から地響きのように発せられた。そうして「早く、ちゃんと、いい子に」できるようになった私は、モーレツビジネスマンとして働いてきた。

あなたも、そうかもしれない。

私はこれまでに90冊の本を著してきた。

広く読まれた『処生術』『坂の上の坂』「人生の教科書」シリーズを始め、すべての本に共通するのは、私自身を実験台として、その体験をもとに書いてきたということ。「理想論」「べき論」「机上の空論」は一つもない。「早く、ちゃんとできる、いい子」として育った私が、七転八倒しながら、自分自身の可能性を見つけ出し、変態（メタモルフォーズ）する過程を共有してきたつもりだ。

本書には、あえて「60歳からの」という言葉を入れた。

なぜなら私は、「60歳」を今の時代の「新しい成人」だと捉えているからだ。

たとえば平均寿命が84歳として、60〜74歳の自由時間を1日に11時間あるとし、75〜84歳の自由時間を1日に5・5時間あると計算すると、あなたの自由時間は8万時間を超える。

それは、あなたが40年間働いた時間に匹敵する。

それだけの自由時間が目の前にあるのだ。

つまり、20代で初めて就活したときと同じスタートラインに、60歳になったあなたは、再び立つことになる。しかも今回は、40年間すでに蓄積した能力や経験を活かせる有利さがある。

本書は、60歳で新しい時代の成人となるあなたに、自分の「希少性」に気づいてもらうところからスタートする。現在地を正しく把握できれば、新しい旅にも、大手を振って出られるだろう。

たどり着く島は、あなただけの無人島だ。

この本は、その、たった一人の無人島に旗を立てようとするあなたのために書いたものです。

60歳からの教科書

お金・家族・死のルール

目次

第1章

希少性——自分を「レア化」する

1-1 「時給」を知る

稼ぎの謎

質問から始めます。

「稼ぎ」とは、何でしょう。

お金？　その通りです。

では、「稼ぎの本質」とは、いったい何でしょう。

まるでクイズのように聞こえるかもしれません。簡単に答えられるようでいて、なかなか難しい質問です。

しかし、60歳以降の人生を考える上で、この答えは重要なキーワードになります。組織に守られなくなる生活でも、「稼ぎ」すなわち「お金」の必要性は続いていくからです。

ビジネスパーソンを対象にした講演で、これまで私は何百回となくこの質問をしてきました。家庭では教えない。ましてや学校でも教わらない。社会人になってからも、この問いに真正面から対峙する機会はふしぎと訪れない。

だから、ほとんどの人は答えられないのです。

かくいう私も「会社人間」から「会社内個人」へと変態するまでは、気づくことができませんでした。


稼ぎの本質とは何か。

『60歳からの教科書』は、まずここから始めます。


これは、「時給」を職業別に表した図です。時給の概算は、

年収 ÷《ワル》 年間総仕事時間

日本人の職業別時給の差

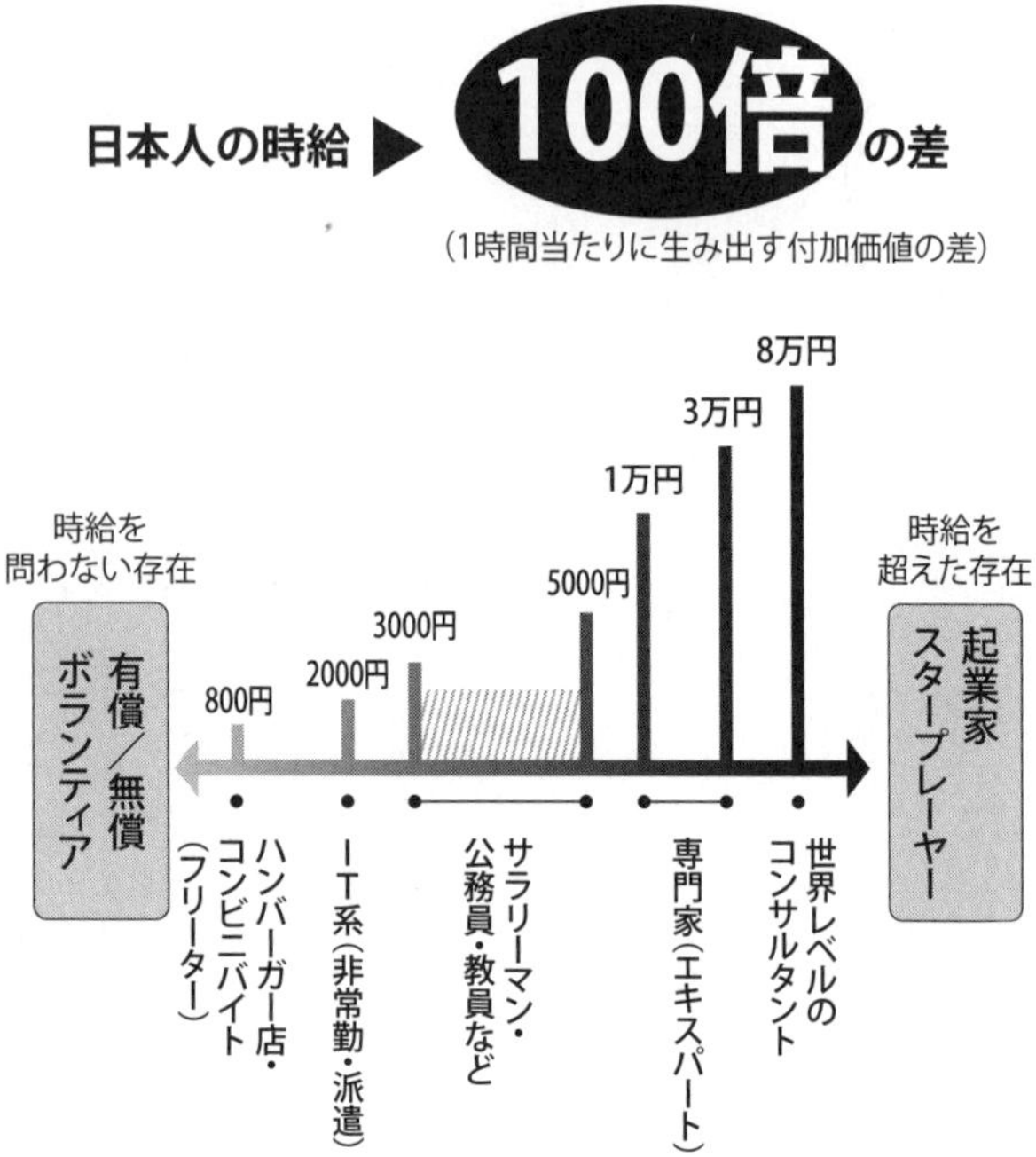

という式で導けます。こうして導き出した時給金額を横軸に、いくつかの職種を並べてみたのが右の図です。

図の左側を見てください。コンビニやファストフード店のアルバイトならば、時給は800円か1000円ぐらいでしょう。深夜勤務だと少し時給が上がり、1000〜1200円になるかもしれません。

その右隣に移りましょう。プログラミングができる人は、フリーターであっても「IT系」として、時給は2000円ぐらいになります。

図の中央、「時給3000〜5000円」の部分に斜線が引かれています。ほとんどのビジネスパーソンがこの領域に当てはまるからです。サラリーマンも、公務員も、教員も。

さらに右側へ移ると、時給1万円以上の人たちが登場します。エキスパートと呼ばれる人たちです。たとえば、大工さんでも宮大工であったり、丸ごと1軒家を建てられる棟梁であったり。あるいは庭師でも、ランドスケープ・デザインもできる技術を持つ人であれば、時給は1万円以上になります。

さらに、売れっ子の弁護士なら、時給は3万円ぐらいにはなるでしょう。マッキンゼー・アンド・カンパニーなどのコンサルティングファームでのシニアコンサルタントともなると、時給は8万円ぐらいになります。もちろん、経営者や投資家の中には、さらに時給が高い人もいます。


ここで、少し考えてみましょう。

日本の就労者の時給が800円から8万円まで開きがあるということは、時給には100倍の差があることを意味します。なぜ、このような差が生まれるのでしょうか。ここに、「稼ぎの謎」が潜んでいます。


あなた自身を例にしてみましょう。

あなたの時給は、どのような変遷をたどってきたでしょうか。

年間総仕事時間が割り出せない場合は、2000時間を目安とするといいでしょう。1

日に8時間働いて週に5日間で40時間。1年間は52週あるので、約2000時間となります。

もちろん、マネジメント業務などに携わってきた人は、2000時間どころではきかないでしょう。マネジャーならば、ゆうに2400〜3000時間ぐらい働いてきたのではないでしょうか。

組織に属さず、インディペンデントとして働いてきた人ならば、さらに多いかもしれません。1日10時間で300日なら3000時間となります。あるいは1日12時間、それも365日身を粉《こ》にして働いている人ならば、4000時間にも及ぶでしょう。

年収を、こうして割り出した年間総仕事時間で割ると、あなたの時給が判明します。たとえば、400万円の年収の人が2000時間働いていれば、時給2000円。1500万円の年収で3000時間働いていれば、時給5000円になりますね。

あなたの20代のときは？
あなたの30代のときは？

あなたの40代のときは？
あなたが50代になってからは？

時給はその都度、上がったでしょうか。年収が増えたとしても、必ずしも、時給は上がっていません。推察するに……いずれの年代でも、3000〜5000円の間にあなたはいたのではないでしょうか。当たりましたか？　いいえ、人に言う必要はありません。大切なのは、自分の時給、つまり1時間当たりに生み出す付加価値を具体的に知ることです。

稼ぎの本質は「希少性」

時給を知ることで見えてくるのが、「稼ぎの本質」です。

「稼ぎ」と言うと、ついつい「月給」や「年収」だと思いがちです。しかし、月給が2割上がって喜んでいても、その分3割余計に働いていたら、効率は明らかに下がっているのです。日常生活ではなかなかそのことに気づけません。

日本が「成長社会」だった時代に真面目に働いてきた人ほど、「稼ぎを上げるために、何を上げればいいのか？」に気づくことが難しい。「稼ぎを上げるためにはもっと働かなければ。もっともっと！」となってしまい、私のように身体を壊したり、精神的なバランスを崩したりします。そこには「主体性」も「持続性」もありません。

では、どうすればいいか。

どうすれば、自分の時給を上げることができるのでしょうか。

・大変さ？ ──→コンビニのアルバイトだって、十分大変な仕事です。

・年齢？ ──→年齢と時給が比例しないのは、万人によって実証済みです。

・技術？ ──→異なる職種を技術で比べることは困難です。プログラミング技術と、庭師の技術が比較できないように。

その答えは、あなたの**「希少性」**を上げること。

要するに、あなたの「めずらしさ」。英語では「rare（レア）」だから、レアさをアップすることです。

前掲の時給の図を思い出してください。左側の職種になればなるほど、マニュアルワークでした。世界的ファストフードのマクドナルド由来のスラングで「マックジョブ」という表現もあるように、〝誰がやってもよい〟仕事です。ファストフードのアルバイトは、基本的なコミュニケーションができる人であれば、誰でもトライできる仕事と言えるかもしれません。マニュアルワークになればなるほど、コモディティ化は強まっていく。つまり、自分自身の希少性を発揮する必要性はないのです。

右側に行けば行くほど、どうなるでしょうか。だんだん、かけがえのなさが増していき、右の端に近い存在になれば、もう指名買いの世界ですね。顧客があなたじゃなければ嫌だ、あなたにしか発注しないと言うような。

もうお分かりですね。あなた自身が希少性を発揮できる場であればあるほど時給は上がる、ということです。「自分をレア化」していけば、時給の図の右側へと自然に移行できるのです。

ちなみにこの図は職業別の比較ですが、あくまで1時間当たりの付加価値で比べている仕事の〝値段表〟です。職業の貴賤や価値、ましてや「どの仕事がどれより大事か」といった比較ではありません。その証拠に、一番左側の「時給を問わない存在」とは、マザー・テレサに代表されるような、有償無償のボランティアです。一番右側は時給を超えた存在。たとえば起業家だったり、サッカーや野球のスター選手だったり、ミュージシャンもそうでしょう。昨今人気のユーチューバーでは、さらに上を行く人も登場しています。

さあ、頭をゼロにして考えてみましょう。

自分の希少性を高めるためには、何が必要なのでしょうか。

どうすればレア度が磨かれ、今より右側へと動けるのでしょうか。

「みんな一緒」から「それぞれ一人ひとり」へ

「成長社会」から、「成熟社会」へ。

「成熟社会」となり、そろそろ四半世紀ほど経つのが現在の日本です。コロナ禍によって一層それが浮き彫りになったのが、この令和の時代。

20世紀の成長社会から、21世紀の成熟社会への分岐点。それは、国際的にはアジア通貨危機であり、国内では山一證券と北海道拓殖銀行の破綻が象徴する1997年でした。これをもって、日本は成熟社会に突入したのです。

こうした変化に気づかずに、あっという間に十数年が過ぎるのはめずらしいことではありません。なにしろ経験が「前例」や「郷愁」となって記憶に残り、新しい社会へ適応しようとする自分の足を引っぱるからです。それも成長社会の記憶は後味がいいので、なかなか過去のものとして手放すことができない。私やあなたの細胞にひそむ「成長社会」のプロトコル（約束事）を解体し、「成熟社会」を生きる身体へと変身しよう、メタモルフォーズしよう、というのが本書のもくろみでもあります。

成熟社会の特徴は、あらゆるものが多様化し、複雑化し、変化しやすくなったことです。

高度成長がピークアウトした1997年の翌年の1998年が分岐点だったと言えます。米国でGoogleが誕生した年でもあり、象徴的です。

成長社会から成熟社会への移行は、「みんな一緒」から「それぞれ一人ひとり」への変質だと言い換えられます。

激変の時代を生きてきたビジネスパーソンなら分かるように、「みんな一緒」の産業は続々と利益を失い、「それぞれ一人ひとり」のほうへとその形態が変わりました。

たとえば、電話。私たちの子どもの頃に、各家庭に電話が登場します。どの家にも1台の固定電話がある、という環境が長く続きました。ところが、携帯電話が普及して以降はどうでしょう。一人1台の時代を経て、会社携帯と個人携帯を〝2台持ち〟する人もめずらしくありません。一人で3台を併用している人もいるほど。それぞれ事情が違うからです。電話という日常ツールは、「みんな一緒」から「それぞれ一人ひとり」へと必然的な変化を遂げたわけです。

もう一つ、分かりやすい例を挙げましょう。結婚式の引き出物です。

私たちの世代なら、会場のホテルが選んだウェッジウッドのカップ&ソーサーなどが人気でした。高価で綺麗な食器ですが、多くの家庭の日常使いにはそぐわず、いつの間にか学校のバザーへ出品する羽目に……こんな経験、身に覚えのある方もいることでしょう。

そこに目を付けたのが、リンベル株式会社という会社です。3000円、5000円、

1万円、1万5000円などと、価格帯によって200〜300種類の商品を揃えて、一冊のカタログから選べるようにしたのです。もらう側もそのほうが嬉しいはずです。引き出物も、「みんな一緒」から「それぞれ一人ひとり」へと変化したわけです。

ここでは2つの例を取り上げましたが、身のまわりにはこうしたエピソードがあふれています。成長から成熟へ。そのとき社会は多様化していくのです。

情報処理力から情報編集力へ

「みんな一緒」の成長社会は、「正解」にあふれていました。

大きいことは良いことで、速いことは良いことで、安いことは良いこと、というように。ですから、「正解」をたくさん教え込む教育こそが、正しかったのです。

「正解」を素早く正確に言い当てる力を、「情報処理力」と私は呼んでいます。試験で複数の選択肢の中から一つを選ぶ力のことです。受験戦争を勝ち抜く力、とも言えます。

成長社会では、「処理力」を高めさえすれば、サラリーマンであっても公務員であっても成功できました。だからこそ、日本の教育は、徹底的に正解主義で児童生徒や学生を鍛えたのです。善し悪しではなく、「成長社会ではそれが相応《ふさわ》しかった」。これに尽きます。

一方、「それぞれ一人ひとり」の成熟社会には、「正解」がありません。つまり、「情報処理力」だけでは通用しなくなったのです。

「正解」がない時代だからこそ、自分の知識、経験、技術だけでは足りなくなります。

さまざまな情報を集めて、その中で自分が納得し、かつ関わる他者をも納得させられるような仮説をつくり上げる必要がある。「正解」ではなくて「納得解」（納得できる仮説）を生み出す力が求められるのです。自分の知識、経験、技術を組み合わせ、他者の知恵や技術もたぐり寄せて、実行しながら修正していく技術のことです。「情報処理力」に対し、成熟社会に必要な力を「情報編集力」と私は呼んでいます。

1997～98年は成長社会から成熟社会への大転換の年でしたが、目に見えない地殻変動であったため、乗り遅れる人が続出しました。先述のように、過去に栄光や実績があればあるほど、その変動に気づくのは難しかったのです。

私はといえば、90年代前半に成熟社会へと移行していたイギリスとフランスでの生活を経験していたことが幸いしました。どちらも、仕事においても家庭においても、「何のために？」が先行する社会です。


何のための仕事か。

何のための家庭か。

誰のために働くのか。

何のために生きるのか。


日常生活の基調に、こうした問いが常にありました。

問われているのは他でもない自分ですから、日々の中で、おのずと答えは生まれてきます。自分自身で、主体的に自問自答せざるを得ないのです。

帰国後、1996年にリクルートを退社してインディペンデントとなりました。「会社人間」から「会社内個人」への変化を記した初めての著作『処生術』は1997年暮れの刊行ですが、時代の変わり目にタイミングが合ったため、期せずしてベストセラーに。思えば、20年以上前から一貫して「自分らしく生きる方法」を提案し続けていることになります。

2020年初頭から、新型コロナウイルスのパンデミックが世界を覆い始めます。

これにより、「正解」がない社会の到来を誰もがより一層実感しました。ついに、すべての日本人にとって、「情報編集力」を磨かなければいけない時代が訪れたのです。今後、ロボット・ブロックチェーン技術・AI化が進めば進むほど、「情報処理力」ではなく「情報編集力」がものを言う時代になります。

あなたの稼ぎは「希少性」が決める。
あなたの希少性は「情報編集力」がものを言う。
時代は、ますます「希少性」と「情報編集力」が重要になっていく——。

私たちの現在地は、「情報編集力」を駆使して、個を限りなく「希少性」の高い存在に磨いていく時代なのです。

1-2 「情報編集力」を磨く

正解のない問いを考える

私たちが生きる時代を俯瞰できたところで、本題に入りましょう。

こういう時代だからこそ、内省的に自分を見つめ直すことで、幕が上がる舞台があることに気づけるのです。

「情報処理力」は、すなわち「頭の回転の速さ」。

一方、「情報編集力」は、「頭の柔らかさ」です。

ですから、頭の回転が速くて、かつ頭の柔らかい人を、「頭がいい人」と人は呼びます。

とはいえ、これまでの何十年間を振り返ると、「情報処理力」側の仕事が7割以上――

そんなことは、ちっともめずらしくありませんでした。むしろ、今まであれば、仕事をする上で「情報処理力」が重要なのは当然でした。

ですが、気をつけなければいけないのは、どんな〝力〟も習慣になることで、日々の中でルーチン化していってしまうことです。「情報処理力」だけを使っていると、パターン認識ばかりがクセになって頭がどんどん固くなる。「情報処理力」側の思考は、常識、前例モードだからです。

自分では「考えている」つもりでも、実は「処理している」だけになってしまう。また、処理スピードや記憶力に代表される「情報処理力」は、年齢とともに衰えてきます。きっと、あなたも日々実感しているように。

一方「情報編集力」は、歳を重ねれば重ねるほど「伸びしろ」が出てきます。

「情報編集力」を磨き続けることができるのは、それが処理ではなく、編集だから。もう、お分かりですね。要するに、正解がないからです。

「情報編集力」は、自分一人で考えるのではなく、「他者と脳をつなげる力」であるとも言えます。「頭が柔らかい」とは、さまざまなものをつなげられる能力で、他の人の脳の回路をも使える力なのです。さらに言えば、「他者の脳と連結して、自分の脳を拡張する」ことでもあります。仕事だけでなく、家庭について考えたり、子育てをしたり、人生について考えるときにもこの拡張された〝連結脳〟は威力を発揮してくれます。人生には、仕事以上に「正解」がないからです。

つなげるとは、何かと何かを「掛け合わせる」ということ。つまり、「情報編集力」とは、形のないもの同士を掛け合わせる「掛け算の技術」とも言い換えられます。大切なのは、その技術とセンス。しかも、この掛け算のセンスは自分で磨くことができるものです。

いよいよ、とっておきの武器をご紹介します。

「三点魔法陣」という藤原オリジナルの考え方です。これは、私が仕事や人生を通して得た教訓を濃縮させた方法。修正に修正を加え、歳を重ねるごとに完成度を高めています。しかも本書で紹介するのは、個人的には65歳になった現時点の最高バージョンです。

「三点魔法陣」は、あなたの「希少性」を100万人に1人の存在へと導く地図となる、自己発展のツールになるでしょう。

あなたは10人に1人の存在

あなたは、間違いなく、もはや「10人に1人の存在」です。
なぜって？……ここまで本書を読んできたからです。
ふざけているのではありません。試しに、次の問いにお答えください。

1　パチンコ店に朝から並ぶか？
2　スマホゲーム依存症か？
3　本を1冊も読まない月があるか？

いずれも「いいえ」が答えでしょう。たとえパチンコが好きでも、パチンコ依存症ではなく、趣味や気分転換程度でしょうし、スマホゲームにしても、あなたは依存症ではないでしょう。依存症とは「対象に自分を捧げている」こと、すなわち「パチンコに帰依」「スマホゲームに帰依」してしまっている状態です。それは「時間管理の意識がない」ことをも意味します。自分の時間割で生きる人を応援するのが私の信条なので、残念ながら、パチンコなどのギャンブルやネットゲーム依存症の方々は、この本では救えないと思います。

パチンコ店に朝から並ぶ人、スマホゲーム依存症の人、本を月に1冊も読まない人は、これらの問いに「はい（YES）」と答えるでしょう。「YES」か「NO」かの二者択一ですから、すべて「NO（いいえ）」と答えたあなたは、

1／2×1／2×1／2

と、1／2を3回掛けて少なくとも、1／8の存在になる。つまり、月1冊以上本を読んでいるあなたは、日本の社会の中で、およそ10人の1人の希少な存在と言えるのです。

この1／2の「掛け算」を繰り返していくと、いったいどうなるでしょう。

1／2をさらに4回掛けると、1／128となります。そう、100人に1人の存在で

すね。

あなたは100人に1人の存在

100人に1人の存在とは、どのような人でしょうか。

まずは4つのタイプ別に分けて考えます。次ページの図を見てください。縦軸は「組織的な力、つまり権力を頼りにするタイプ」か、「個人的な力、つまりプロとしての力を磨いていくタイプ」かで、横軸は「経済的な価値、つまり収入や金融的資産に重きを置くタイプ」か、「経済以外の価値、つまり家族や自分の興味関心に重きを置くタイプ」かで4象限（2×2マトリクス）に分けています。

縦軸の上が組織的な力で、下が個人的な力。上昇するほど「権力志向」「組織志向」になります。社長を目指すような人ばかりではなく、「△△会社の○○です」という挨拶が身に染み込んでいる人は、上のほうに位置します。下のほうは「プロ志向」で、個人の技を磨いて、やがて独立するようなタイプです。

あなたはどんなタイプですか？

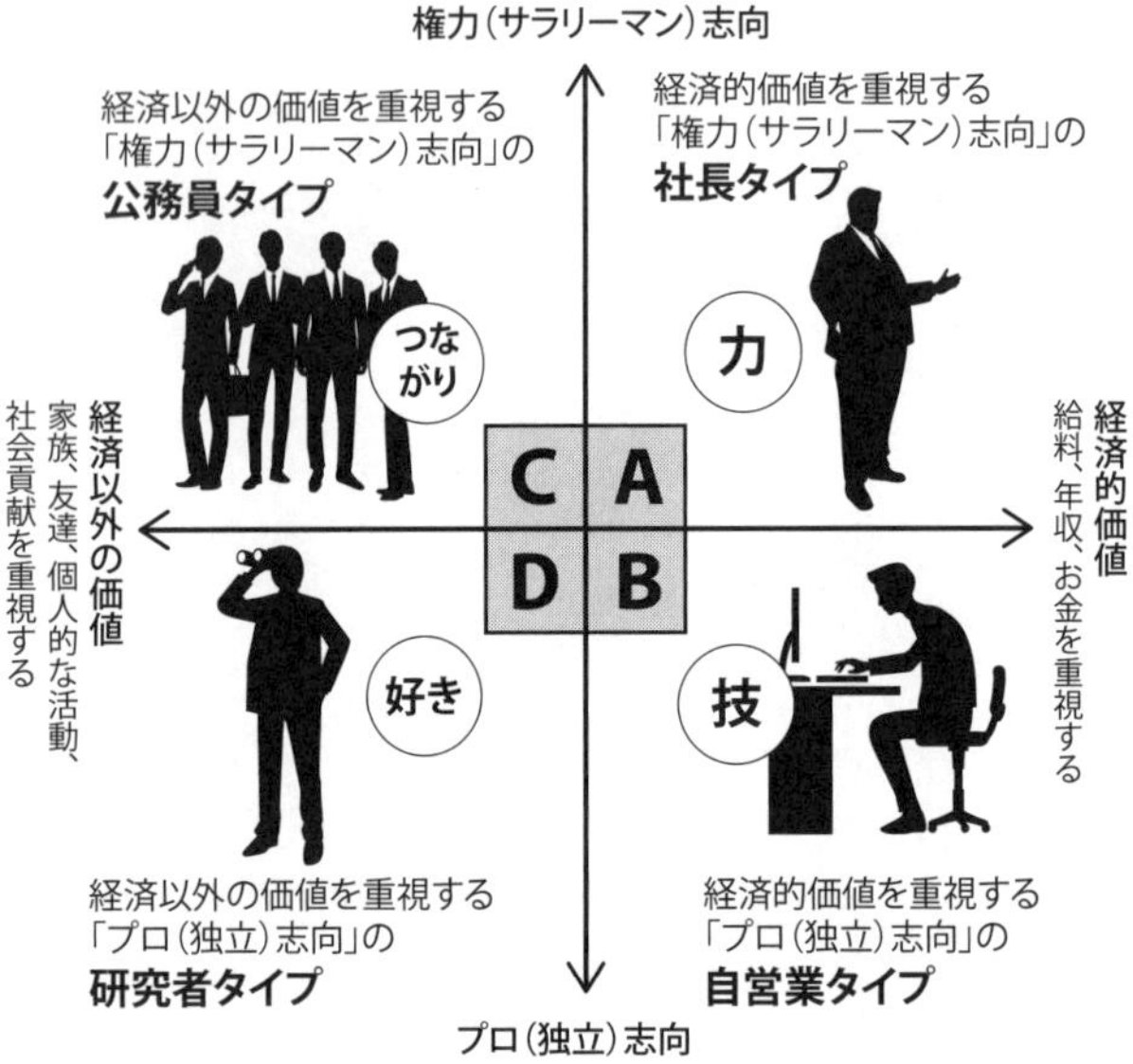

権力（サラリーマン）志向
経済以外の価値を重視する
「権力（サラリーマン）志向」の
公務員タイプ
つながり
経済的価値を重視する
「権力（サラリーマン）志向」の
社長タイプ
力
経済以外の価値
家族、友達、個人的な活動、社会貢献を重視する
C
A
D
B
経済的価値
給料、年収、お金を重視する
好き
技
経済以外の価値を重視する
「プロ（独立）志向」の
研究者タイプ
経済的価値を重視する
「プロ（独立）志向」の
自営業タイプ
プロ（独立）志向

横軸の右は、経済的な価値を重視するという方向性。稼ぎが重要で、年収をひたすら上げていくのが大事だという人です。すると、私たちの世代は当初はA領域に当てはまります。私も入社して、素直にA領域を目指しました。

A領域の「社長タイプ」の人には、以下の4つの質問を追加します。

4　会社で働いている人か?

5　営業力・プレゼン力・交渉力があるか?

6　「正解主義」「前例主義」「事なかれ主義」を打ち破れるか?

7　性に合わない上司はいないか?

今回の質問の答えは、「はい」が目安です。もしもすべての問いに対して「はい」だとすれば、1/2を7回掛け合わせることになるので、100人に1人の存在になれます。

これが、100人に1人の存在への質的な階段です。

まだ、半信半疑かもしれませんね。

では、異なる観点から、あなたが「100人に1人」の存在であることを証明してみましょう。それは、「その技術、スキルの獲得に1万時間をかけたかどうか?」。

こっちは、100人に1人の存在への量的な階段だと言えるでしょう。

営業でも、経理でも、財務でも、広報でも、宣伝でも、どんな技術であっても、「1万時間」かければ、100人に1人の存在だと言えます。なぜなら、1万時間とは、仮に「1日3時間」で計算した場合、1年(365日)で約1000時間になります。つまり、1万時間にはおよそ10年必要です。「1日8時間」で掛けると、1年でおよそ3000時間。つまり、3年ちょっとでその域に達することが分かります。

本書を読んでいるあなたは、何十年か仕事をしてきた人ですから、間違いなく「1万時間」かけたキャリアがあるはずです。

よってあなたは、すでに「100人に1人」の存在なのです。喩《たと》えれば、渋谷のスクランブル交差点で信号待ちをしている人の中で、営業を1万時間徹底的にこなした人はあなただけだ、といったイメージです。

1／100を2回掛けると、1万分の1となります。
1／100を3回掛けると、100万分の1となります。

「100人に1人」のキャリア（あるいはスキル）を3つ持てば、あなたは「100万人に1人」になれます。これだけで、余人をもって代えがたい「希少性」を持った堂々たる存在です。

ただし、その時代に合ったマーケットバリュー（市場価値）のあるスキル・セットであることが条件です。石炭をくべるスキルは蒸気機関車の時代には活きますが、電車の時代には無用になり、電車を運転する運転士のスキルはＡＩ時代には自動運転となって不要になる運命にあるでしょうから。

1-3 「三点魔法陣」を描く

一点目はすでにある

藤原オリジナルの「三点魔法陣」を紹介する段となりました。

文字通りこれは、3つの点で描く魔法陣です。

キャリアを掛け合わせて魔法陣の面積を最大限に大きくし、**100万人に1人の「希少性」**を目指してもらう方法です。

ここで思い出してください。社会人の初めの一歩を踏み出したとき、あなたはどんな組織のどのような部署に配属されたでしょうか。

会社員になっても、公務員になっても、最初の配属先というのはおよそ自分の希望通りにはいきません。誤解をおそれずに言えば、ファーストキャリアはほとんどの人にとって「事故」のようなものです。営業に配属されたら、お客さんに一所懸命食い込んで業績を残すしかない。自分の性格や趣味嗜好なんて関係ありません。稀有《けう》な得意技ですら意味がない。経理なら経理、財務なら財務、あるいは広報でも宣伝でも同様だったと思います。

ですが、1日3時間集中して365日業務をこなせば、10年で約1万時間。1日6時間没頭できれば5年で1万時間。5年から10年その仕事を続けるだけで、なにかしらのスキルをマスターするという感覚はビジネスパーソンなら誰にでも身に覚えがあることでしょう。あなた自身がその証です。

つまり、あなたはすでに1／100のポイントを持っている。それが魔法陣の一点目となります。

二点目は異ジャンルで

二点目は、一点目と同じことを別の領域で遂行します。

一点目とは異なる分野で、さらに1万時間以上の時間をかけるのです。

営業だったら、企画。広報だったら、宣伝。経理だったら、財務。決して難しいことではありません。組織の中であれば、「人事異動」であなたは別のキャリアを重ねてきたことでしょう。人によっては、転職によって新たな1万時間を重ねた場合もあるでしょうし、海外勤務の経験だったかもしれません。

異なる領域で1/100の確率を出せれば、その時点で1万人に1人の存在になっています。1万人に1人ぐらいまでの希少性ならば、これまで真面目に働いてきた人なら確実にクリアしているはずです。

あるいは女性に多いかもしれませんが、会社をいったん辞めた人もいるでしょう。結婚して専業主婦として子育てを5年から10年担い、その後仕事を再開したようなケースです。「主婦」として、あるいは子育ての時間は「親」としてのスキルを磨いたわけですから、その数年はそのまま、ここでお話ししている二点目のキャリアになります。

考えてみてください。家事労働を金額に換算するといくらになるでしょう? 試算の方法によっては年収400万円以上に相当する、と見積もる研究もあります。あなたが専業主婦を1万時間やったのであれば、間違いなくそれは二点目のポイントになるでしょう。

三点目が決め手

さて、三点目です。

「希少性」が上がるか上がらないかは、すべてここにかかっています。

私の場合も二点目までは順調でした。新卒で営業に配属され、営業やプレゼンの技術を1万時間かけてマスターし、魔法陣の一点目のポイントを獲得しました。さらに、27歳から37歳までの10年間で、マネジメントの業務に1万時間はかけました。こうして1万人に1人の存在になったのです。

でも、そこから試行錯誤が始まります。自分の「次のテーマ」をなかなか見いだせずにさまよった。いわば、魔法陣の三点目のポイントをどこに置けばいいかを決められなかったのです。

結果的に、私の場合は三点目のポジションが決まるまで、37歳から47歳まで、およそ10年かかりました。

三点魔法陣のつくり方

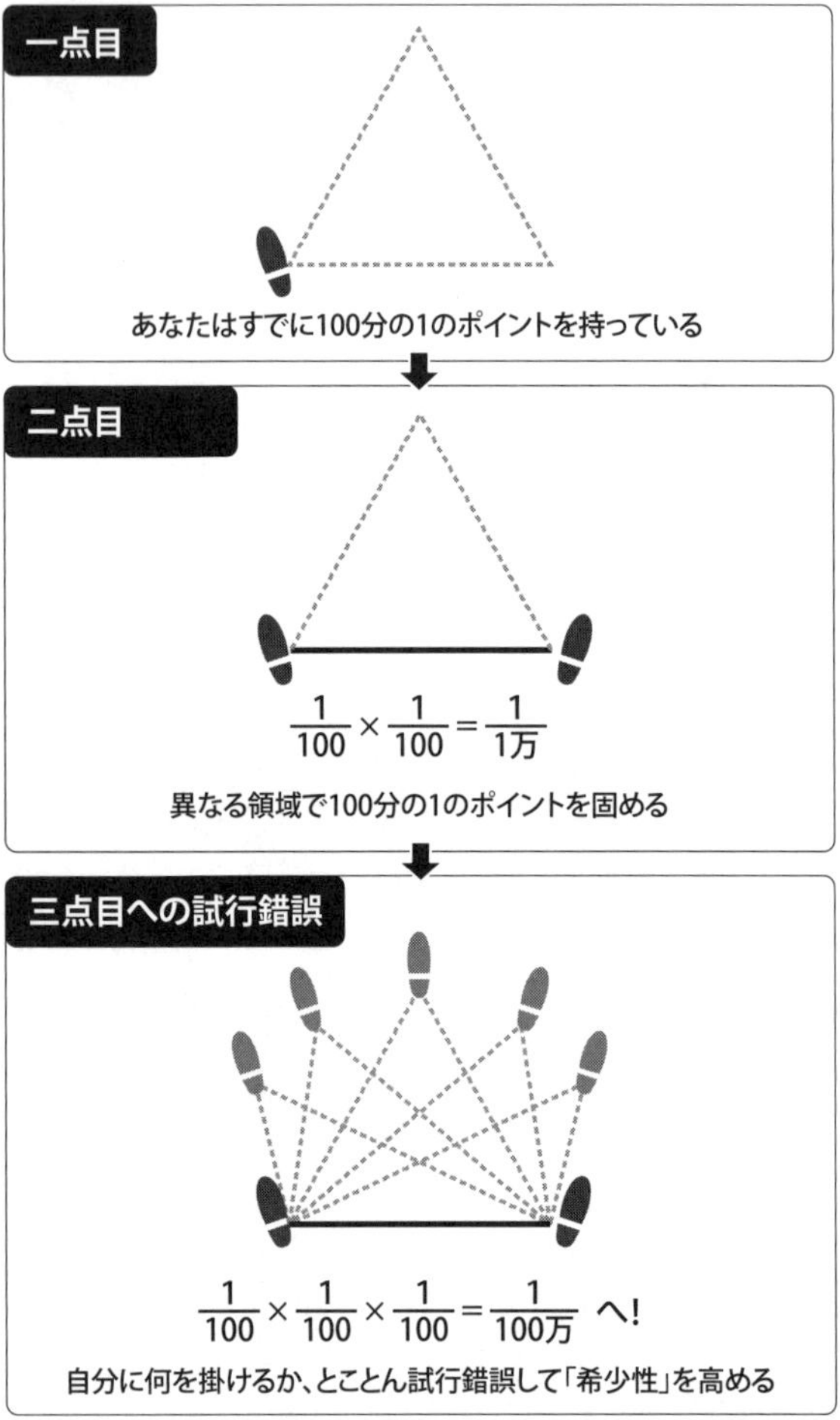
一点目
あなたはすでに100分の1のポイントを持っている
二点目
$\frac{1}{100} \times \frac{1}{100} = \frac{1}{1万}$
異なる領域で100分の1のポイントを固める
三点目への試行錯誤
$\frac{1}{100} \times \frac{1}{100} \times \frac{1}{100} = \frac{1}{100万}$ へ!
自分に何を掛けるか、とことん試行錯誤して「希少性」を高めるなぜ、これほどまで迷ったのでしょうか？

それは、三点目の置き場所によって、魔法陣の面積がまるで変わってしまうことを自分なりに意識していたからです。

たとえば、一点目で「経理」を、二点目で「財務」をマスターしたのち、関連会社の経理部門に行くとします。残念ながら、それでは魔法陣の面積は広がりません。三点目がそれまでの一点、二点と近いためです。

三角形の面積は、「底辺」掛ける「高さ」割る2で数値化されます。いうまでもなく高さの数値が高いと、面積は大きくなります。今から振り返ると、30代後半から40代後半までの10年ほど、私はこの底辺の数値を活かす高さを求めて自分の可能性を模索していたのです。

「営業やマネジメントをこのまま続けても、面白くないぞ……それどころか、だんだん市場価値を失っていくかも」

新しい眺望を手にしたい。そんな本能が、三点目の場所をとことん考えさせてくれました。

転機は47歳で訪れます。

東京都では義務教育初の「民間校長」という道が開け、私は「これだ！」と、このチャンスをつかみに行きました。そもそも人間と関わるのが好きな私です。47歳から52歳までの５年間は、この業務に身を捧げたと言っても過言ではありません。

１万時間、校長職に没頭し、私は「１００人に１人の校長」を目指しました。こうして自分の「三点魔法陣」ができあがったのです。言い換えれば、「営業とプレゼン」「私企業のマネジメント」「校長（ノンプロフィット分野でのマネジメントの革新）」という三点で、「１００万人に１人」の自分の陣地をつくったわけです。

お気づきでしょうか。

この三角形の面積の大きさが、「希少性」です。

つまり、魔法陣の三点目として自分に何を掛けるかが重要で、ここで「情報編集力」が問われてくるのです。ひと言で言えば、「掛け算のセンス」。それが、あなたが60代以降に進むべき道を決めるのです。

「!」を加える選択を

次のページの「三点魔法陣」を再び見てください。

三角形が水平方向に描かれていますね。なぜでしょう?

それは、「三点魔法陣」は、他人との競争ではないからです。

99万9999人の他者を倒して頂点に立つような競り合いではなく、どこに広げてもいいテントか風呂敷のような平面的な陣地です。「垂直（バーティカル）」ではなく、「水平（ホリゾンタル）」な陣地をイメージしてください。

ですから、3つのキャリア（あるいはスキル）は、どのようなものでも掛け合わせられます。人を押しのける必要はないのです。人を打ち負かす必要もありません。とはいえ、

「何を掛けてもいいいって言われても……」

と、戸惑う人もいることでしょう。つい先ほど、三点目に「何を掛けるか」が肝《きも》だと言ったばかりですからね。

水平な三点魔法陣

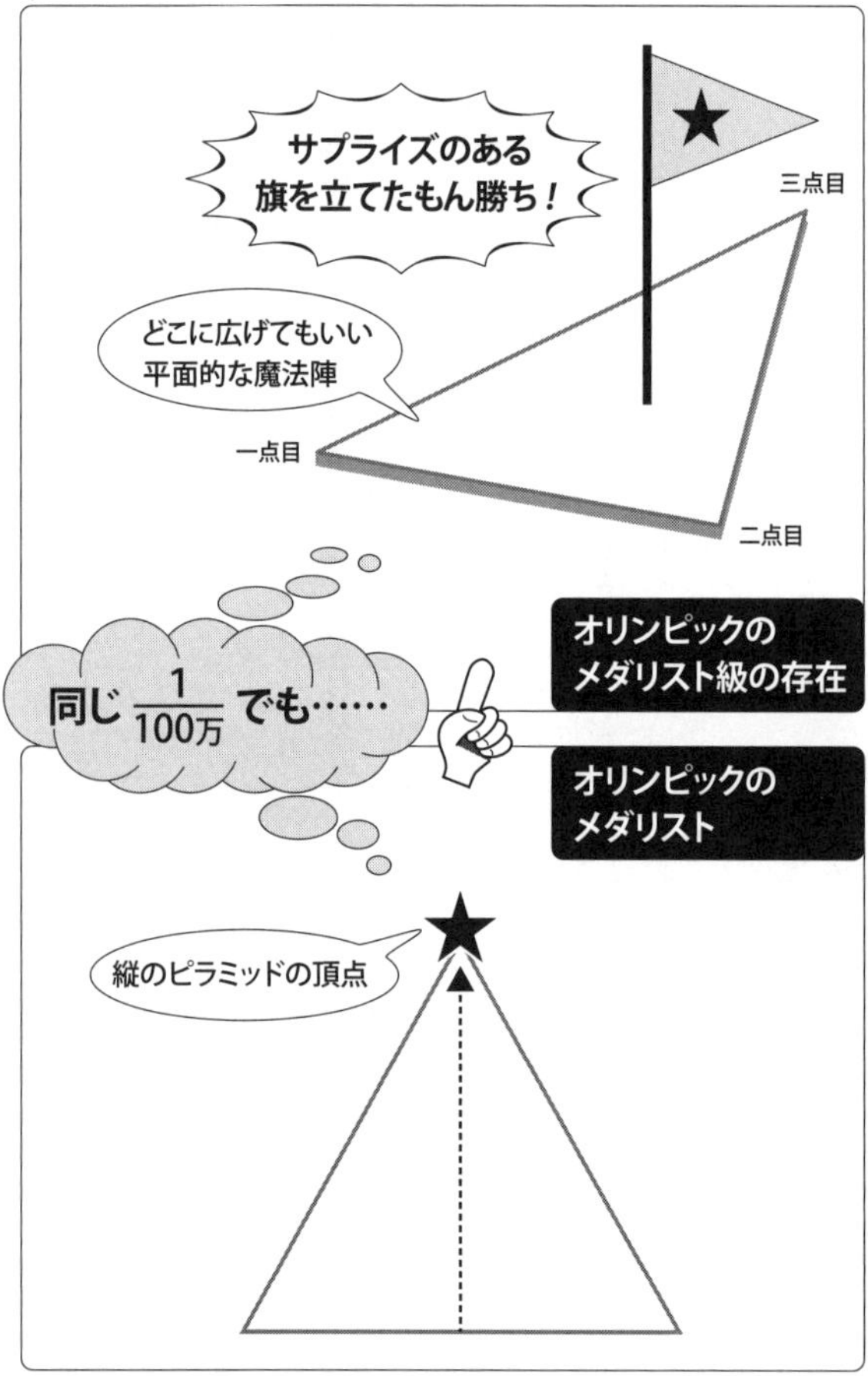
サプライズのある
旗を立てたもん勝ち！
三点目
どこに広げてもいい
平面的な魔法陣
一点目
二点目
同じ $\frac{1}{100万}$ でも……
オリンピックの
メダリスト級の存在
オリンピックの
メダリスト
縦のピラミッドの頂点

ここで大事なのが、「おのれに訊け」の原則です。自分の心とのドッジボール。これが、非常に大切です。

私の場合を話します。

杉並区立和田中学校の校長になるとき、周囲の9割以上が「やめたほうがいい」と忠告してくれました。理由ももっともなものでした。「無謀」だとも言われました。

「サラリーマンが、校長に⁉」

相手の「！」という驚きに反発したのでしょうか、ふしぎなもので、次第に自分の心にも「！」が増殖し始めました。

意外性、好奇心、そして挑戦欲。

「！」が頭の中で飛んだりはねたりするのは、忘れていた感覚でした。そのとき決めたのです。ああ、これだ。やってみようじゃありませんか、と。

当時（進学塾や私立の一貫校が教育評論家とともに騒いだ）「学力問題」真っ盛りで、公立の小中学校の沈滞した状況に対して、誰も味方が現れませんでした。ところが、いわば火中の栗を拾いに行った私に対して、このムボウなチャレンジを助けてくれる人が続々と現れたのです。一人や二人ではありません。面白がってくれた人、惜しまず力を貸してくれた人の中には著名な方々もおられました。新しい校歌をつくろうというユニークな授業をやってくれた詩人の谷川俊太郎さんと息子でピアニストの賢作さん。ノーベル賞受賞直後に対談のために校長室に来てくれた小柴昌俊博士。

人間、不利な勝負に出ると周りが力を貸してくれるものなので、皆のエネルギーが結集して、実は成功確率が上がるようにできているのです。

決め手は「!」。すなわち「サプライズ」があること。

思いきったサプライズを掛け算に加えると、周囲のエネルギーを集められます。たとえば、以下の条件に基づくようなサプライズであれば、さらに効果的です。

- **社会的なニーズがあること（私の例では「教育改革」と「学力向上」）。**
- **共通の目的（錦の御旗）があること（私の例では、公立であっても「生徒の学びを豊かにすること」とそれを「コミュニティの大人の参加で実現すること」）。**

要するに、自分の魔法陣に社会的な空気をふんだんに取り込むのです。これが藤原式「三点魔法陣」の特徴です。

次節ではさらに、希少性を高めるコツについてご紹介します。

1-4 「希少性」を高める

自分を「安売り」しよう

和田中の校長になったとき、私の年収はそれまでの3分の1に減りました。年収が激減しても、私は校長という仕事を取りに行ったのです。要するに、自分を「安売り」したわけです。

そんな転職があるものか！

そのように思われて、当然です。転職というのは、雇用者と被雇用者のキャリアの売買ですから、激増はあれど激減というのはいかがなものか、というのが一般常識でしょう。

では、なぜ、自分を安く売ったのか。

私は民間企業でマネジメントをマスターしましたが、この武器が学校運営に通用するかは皆目見当がつきませんでした。未知の世界に行くのだから、自分のための研修費は自前で持つべきだ。知らない分野でも1万時間かけて学び続ければ、必ず芽が出てくるはず。研修費を払いながらでも、実地訓練させてもらおう——そういう意識でした。

だから、自分を「安売り」できたのです。

逆に、自分を高く売ろうとすると、希少性が失われやすい。高ければ良かろうとなってしまい、従来型のスキルに高値を付けた買い手にあっさり負けてしまうでしょう。

希少性を高めるためのチャンスをつかむには、「安売り」が功を奏します。

和田中の校長退任後の２００８年春。突然、当時の橋下徹大阪府知事から「助けてほしい」と要請がありました。府知事特別顧問として、大阪府下の児童・生徒の学力アップを3年間手伝うことになったのです。

「和田中で培ったノウハウが、大阪という異文化の中でも通用するだろうか……」

自分でもそれが知りたかったので、お引き受けしました。条件は「無報酬でやります」。報酬を受ければ橋下さんの部下になってしまう。ときには知事にたてついても、教育現場の肉声を届けなければいけない場面もあるでしょう。あくまでも私個人の意思で関わらなければ、大阪の子どもたちの未来に貢献することは不可能だと判断しました。誰かの部下になるわけにはいかない。「安売り」の極みですね。

結果、報酬はお金ではなく経験となって、毎日のように自分に気づきを与えてくれました。自分の「安売り」が、大きなリターンを運んできてくれたのです。橋下さんといい意味でやり合ったことも唯一無二の教場でした。お金に優る経験があること。それを教えてくれた〝学校〟が、和田中であり大阪府だったのです。

経験者として保証します。

初体験は、お金の多寡に優《まさ》ります。未知の体験ができるチャンスがあれば、自分を信じて飛び込んでください。希少性が必ず生まれ、そして磨かれていきます。

「場」を選ぼう

「場（ポジション）」の大切さも忘れてはなりません。

希少性は、場を選びます。場は、希少性を育みます。

「場を選ぶ」ことは、人生の基本的な戦略です。


誰でも住む家を探すときは、真剣になりますよね。しかし、仕事や、ちょっとした人との出逢いで、ポジショニングに細心の注意をはらう人は滅多にいません。

私の場合を話します。

22歳でのリクルートへの就職は、同級生や父のキャリアの〝逆張り〟でした。

33歳、結婚して子どもができたので、人気が高まっていた「湾岸エリア」勝どきから、永福町に引っ越しました。

37歳での海外移住先は、世界ビジネスの中心であるアメリカではなく、「哲学の都」パリを選びました。

振り返れば、逆張りを基本方針とする「場所取りの妙」に自分は育てられてきたのが分かります。原則があるとすれば、その都度「今と未来」を同時に考え、変わるものと変わらないものを比べてきた。変化するものと不変のもの。それを天秤にかけ、「変わらないもの」の比重が大きいほうを選んだ。

「家を買うな。日当たりを買え」……そんな教えが、住宅選びにもあります。結局ポイントは場所だ、ということ。

結果として、その場が持っている「磁場」のようなものが自分の希少性を磨いてくれたのです。個人の希少性も、活かす舞台があってこそ。次のアクションを起こす舞台装置として、どんな場所取り、どんなポジショニングができるかで、発揮されるパワーが変わってきます。

さて。「三点魔法陣」には、続きがあります。

65歳の私は、次の一手を進めている最中なんです。

三角形を思い出してください。三角形の中央に、旗を立てましたね。その旗の長さを垂直に伸ばしていくことを想像してください。

すると、何が見え始めるでしょうか。

私には、ピラミッドが見えてきます。

そう、「三点魔法陣」をピラミッドにしていくのが、次の一手です。

ご想像通り、決め手は旗。私は今、「日本の教育現場の正解至上主義を打ち砕く」という旗を立て、20年、30年かけてでも、このピラミッドを高くしていこうと考えています。

底面になる魔法陣の三角形の面積は、希少性の大きさに当たります。

では、この魔法陣を底面として3D化したピラミッドの体積は、いったい何でしょうか。

次章で詳しくお伝えしますが、「信用度」であり「総クレジット量」だというのが私の

三点魔法陣の立体化

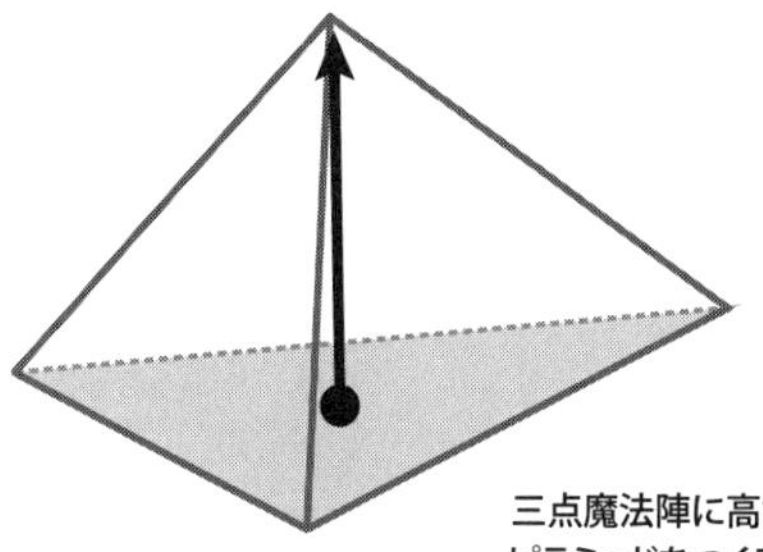
三点魔法陣に高さを出して
ピラミッドをつくる（立体化）

ピラミッドの体積＝信用度（あなたの総クレジット量）

考えです。人生まるごとの信用度がピラミッドの体積になるのだ、と。

大きなピラミッドをつくるためには、三角形の土台（底面積）を大きくしておく必要があります。本章でたどってきた希少性を念頭に置きながら、次章では信用度、その中でも「お金」について真正面から考えていきましょう。

人生の棚卸し

二度目の成人式

2015年秋、私は自分で企画して、自分自身の還暦記念パーティーを開きました。場所は、東京・銀座のレストラン「俺のフレンチ　東京」を借り切って。マッキンゼー日本支社長として活躍された大前研一さんや、Yahoo!のCEO川邊健太郎さんを始め、150名ほどの友人に一人ひとり声をかけて、準備をしていたのです。パーティーの準備をしながら、考えたことは——こんなこと。

****

60歳はこれからの時代の新しい「成人」である。

明治期までの「人生40年時代」には元服が15歳だった。その後、寿命が延びて「成人は20歳」とされたが、現代のような「人生100年時代」になると「45歳が成人」でもいいことになり、さらに医学の進歩によって120年のライフスパンが可能となるなら「60歳成人説」も十分に説得力を持つ。

今回の還暦パーティーは、さしずめ、私の「二度目の成人式」だ。「一度目の成人式」の20歳の頃は、何がなんだか、意識の変化もなく過ぎ去った。今回は、自分で自分の「成人」を言祝《ことほ》げるのだ。

60歳成人説を、身をもって実証したい。

「成人」になるまで、私はどんな人生を送ってきたろうか?

私が生まれたのは1955年。本家アメリカのディズニーランドがロサンゼルス近郊に誕生した年で、日本では後楽園ゆうえんちが完成した。ワルシャワ条約機構が結成され、冷戦激化の年としても語り継がれている。私は、最高裁判所に勤める父と専業主婦の母のもと、東京に生まれた。

父は戦争末期に船員として召集された世代だ。特攻同様の補給船に乗ったが、台湾沖で撃沈され九死に一生を得た。最高裁判所では全国の裁判所の予算を扱う経理総務畑のスタッフとして定年まで勤め上げ、その後簡易裁判所の判事に転じて70歳まで働いた。

母は戦時中に父と兄を亡くした。母親（私の祖母）と妹との3人暮らしで、郵便局で働いていた。妹の職場が最高裁判所であったことから、父と知り合って結婚し私が誕生する。

生まれてまもなく、あの有名な「もはや戦後ではない」という言葉が広まった。赤ん坊の私にはもちろん知る由もないが、移り変わりの大きな時代だった。戦争によって都市部の産業が壊滅したことから、敗戦から1950年代前半までは、人々は地方に移動せざるを得なくなった。それが、朝鮮戦争特需で1950年代後半から高度経済成長の波に乗り、都市部への大規模な移動が起こる。私が生まれた東京は、大変化を遂げていく。

10代はどうだったろうか？

私の家は、戦後日本の典型的な中産階級の家庭だった。物心ついた頃から、家にさまざまな新しい生活様式が登場する。お風呂、冷蔵庫、洗濯機、金庫、電話、ステレオ、テレビ……日本の経済成長とともに、我が家の生活も便利になっていく。当時は世田谷区池尻の公務員宿舎に住んでいた。

私が通った高校は、学生運動が大学から真っ先に飛び火した場所だった。しかし、学生運動の興奮も挫折も、私自身は身をもって経験できなかった。団塊の世代とは生まれた年が数年違うだけで、体験は大きく異なるのだ。

大学では、当時としてはまったく普通の学生だった。アルバイト、学園祭、車、スキー、海外旅行を満喫。勉強は真面目にやらなかったが、単位は早く取り切った。周囲と少しだけ変わっていたのは、3年生の秋に早々と就職活動をして、4年生の4月から1年繰り上げで入社できる会社を探したことだろう。早くビジネスというものをやってみたかったのだ。

20代はどうだったろうか?

長期アルバイトを経て、リクルートという会社に入社した。リクルートは今でこそ年商2兆円を超える有名企業だが、当時は100億円ほどのベンチャーだった。大学の同級生たちが大手へと進むなか、私は笑われた。

なぜ、私はリクルートへ入社したか？　私は、ちゃんとしている世界から逃げてみたかったのだ。

「早くしなさい、ちゃんとしなさい、いい子にしなさい」という言葉に幼い頃から包囲されてきた。父は真面目で、ちゃんとしている人の代表だった。かくいう私も十分に真面目で、「真面目な私」からいつも逃れたい衝動を持っていた。母はテキパキとした器用な人で、手早さは美徳として私に刻み込まれた。そして、時代は「いい子」を欲していた。日本の教育システムは、「いい子」を大量生産しようとしたし、私はその波に乗って闘い、勝ち上がった「いい子」だった。

海のものとも山のものともつかぬ会社、リクルートへの就職は、私にとって初めて「早く、ちゃんと、いい子に」から、自分の力で抜け出そうとする行動だった。目に見えないレールから外れる感覚は、私を興奮させた。

しかし……。

就職したあとの私は、ほどなくして、優秀なマシーンとなっていた。会社では、挑むべき対象と明確なルールが設定されている。そういう場に臨めば、自分の興味や本当の意思とは関係ないところでも、私は勝つためならば全力を尽くせる。上へ、上へ、上へ。学校での数々の競争の場で鍛えられ、その最終戦とも言える大学受験を乗り越えた私は、会社という競争ゲームでも勝ち続けようとした。業績ゲームや、昇進ゲームを。

「早く、ちゃんと、いい子に」の呪縛は社会に出てからもなお私を縛り付けたのだ。


30代はどうだったろうか？

私に転機が訪れる。30歳にして心身症の一種であるメニエール病という病気にかかったのだ。強烈なめまいに襲われる病気だ。それは身体からの無言の警告だった。

「体力に自信あり」でモーレッツビジネスマンを地でいっていたはずの私にとって、寝耳に水の出来事だった。めまいそのものは毎日の注射によって治ったが、お昼近くになると頭がボーッとする後遺症は、その後も私を苦しめ続けた。

初めて、自分の人生について顧みるようになった。私は、変わろうとしていた。

ただ……今だから白状できる。

最初の5年間は身体をだましだまし、まだ業績ゲームや昇進ゲームに勤しんでいた。おかげで、30代の若さで部長になることができた。そんな折、リクルート事件が起き、ダイエーグループへの吸収劇も繰り広げられた。私にとっては、リクルートという「愛するものの危機」だった。自分が大事にしてきた組織と、自分が採用した若いスタッフ、そして自分が育ててきた新しい事業の芽という守るべきもののために、我を忘れて働き続けた。

また、同じ頃、結婚もし、長男が生まれた。仕事でも、家庭でも、めまぐるしく状況が変わる日々が過ぎていった。

後から考えると、後遺症が続いたのは、私が「2人の私」による股裂き状態にあったからだ。「無理してマネーゲームに参加している私」と「もっとクリエイティブに生きてみたい私」。後遺症は5年間続いた。

一つの決着が、37歳だった。業績ゲームや昇進ゲームから外れ、家族とともに外国に逃げたのだ。イギリスとフランスに、およそ2年4カ月駐在した。私にとっては、出世の道を歩まない、という決断だった。その頃には、メニエール病の後遺症は消えていた。

イギリスで次男が、パリで長女が誕生し、5人家族となった。ヨーロッパの成熟社会で過ごした日々は、私にテーマを与えた。過去からの可能性を捨てることが、未来への可能性を拓くことを、身をもって知った。

後ろのドアを閉めなければ、前のドアは開かないのだ。

私の30代とは、子どもの頃から続いた「早く、ちゃんと、いい子に」という呪縛を、突然の病によって最後通牒のように突き付けられ、必死にもがいた時期だった。私は暗い海の底から光をつかもうとしていた。

40代はどうだったろうか?

18年間の社員生活を経て、40歳でリクルートを退社した。会社史上初のフェローとなり、新規事業の立ち上げを担当した。ヨーロッパ滞在で得た知見をもとに、教育領域の仕事を増やしていった。それは、家族との関係の中から生まれた、私にとっての切実なライフワークだった。

また、デビュー作『処生術』がスマッシュヒットする。自らの体験だけをもとに「自分の人生の主人公」として生きるために必要なことを書いた。サラリーマンの悲哀と呪縛が詰まった本だったから、同じような境遇の人たちに受け入れられたのだろう。そこから、著述家としての仕事も増えていく。

47歳で東京都では義務教育初の民間校長として、杉並区立和田中学校の校長になった。

この学校で本格的に実践した「よのなか科」はのちに文部科学省が進める「アクティブラーニング」の手本となった。また、学校の教師たちが本業に集中できるように、地域の大人たち（特に、大学生やシニア層、そして塾の講師も）の力を結集し、地域本部を立ち上げた。この機能はのちに「地域学校協働本部」として全国的に（3万校の公立小中学校区のおよそ6割の1万7000校区に）普及した。

こうして振り返ると、私はおよそ10年ごとに大きな変態を繰り返してきたことが分かる。

20代では「会社人間」として、しゃにむに働いた。モーレッサラリーマンの代表だった。朝から晩まで良く働き、良く遊び、良く飲んだ。恋もした。

30代では病をきっかけに「会社内個人」という道を模索した。パートナーができ、子を授かり、私にとって大事なものが増えていく。ヨーロッパに駐在し、成熟社会を生きるフランス人の豊かな価値観に触れ、自分が歩もうとしている道に進む勇気をもらった。

40代では「会社内個人」をさらに推し進めて「会社外個人」「組織外個人」という可能性を開拓した時期だった。古巣の会社と対等に契約を結んで働くフェロー制度を皮切りに、インディペンデントな生き方・働き方を実践していった。会社や組織に囚われずに、自らのテーマを追い求めたからこそ、和田中の校長というオファーも与えられた。

50代はどうだったろうか？

和田中は、当初は全校生徒が169人しかおらず杉並区最小だったが、5年間の任期が終わる頃には300名前後となり、その後、引き継いだ民間校長のもとで杉並区最大の学校へと生まれ変わった。23校中21位だった成績は英・数・国でトップに。任期を終えて、52歳になった私は「教育改革実践家」を名乗るようになった。ちょうどその頃、大阪で孤軍奮闘していた橋下徹府知事から要請があり、大阪に駆けつけることに。教育改革に携わり、55歳まで特別顧問を務めた。

講演活動も増えていった。私は自分が経験した失敗や成功をもとに、その日から実践できる話だけをする。評判が評判を呼び、年間100日は講演で全国を回るようになった。ビジネスパーソンが通うGLOBIS経営大学院大学でも講演を行い、動画がYouTubeにアップされると、瞬く間に話題になった。その動画は、のちに2000万回の再生数を超えることとなる。

自分の実体験をもとに書いた『坂の上の坂――55歳までにやっておきたい55のこ

と』は、12万部を超える反響を得た。私の読者はやはり、同じ境遇を生きてきた同世代の人が多い。

一方で、ホリエモンこと堀江貴文くんや、キングコングの西野亮廣くんのような自分よりもひと回り年齢が下の世代から、そのキャリアや人生での方法論を評価されることが増えていった。特に『藤原和博の必ず食える1%の人になる方法』に書いたメソッドは、彼らを通じて20代や30代にも広がった。

50代は、夫婦でテニスのコミュニティに参加するようになった。朝ヨガも始めた。昔のように富士山型一山主義の人生ではなく、私の場合は、長い長い八ヶ岳型連峰主義だから。常に裾野をつくり（本業、本線の横にいくつもの支線となるコミュニティを切り拓き）、それらを育てながら山並みを重ねていく生き方だ。

これまでの前半生とは、「早く、ちゃんと、いい子に」という呪縛を自力で解いた藤原和博が、他者も巻き込んで歩んできた歴史だった。いくつもの失敗を重ねている。その泣き笑いが、他者の共感を呼んで、広がってきた。たくさんの仲間ができた。

教育分野では「正解主義・前例主義・事なかれ主義」を排するのが私の改革のミッションだ。時代が進むにつれ、賛同者が増えていくことになった。

成長社会から成熟社会への地殻変動に、皆が気づき始めたからだ。

まもなく60歳の還暦を迎える（当時）。第二の成人式だ。言葉を改めれば、第二の人生だ。私にとっては、生まれ直しのような日なのだ。

「おめでとう。次の人生はどんなチャレンジをしようか？」

私は、私の門出を祝う——。

＊＊＊＊＊＊＊＊

当時、「第二の成人式」を前に振り返った、私のエピソードです。

この本に採録したのは、一つの事例にしてもらいたいから。そう、あなたにも同様に、自分の歩いてきた道を振り返ってもらいたいのです。

来し方を振り返ること。そして棚卸しをすること。これは、さらに先へ進むためのアクセルになる。と同時に、自分自身をより深く知るための「対話」にもなるのです。

第2章

お金——自分の「物語」を豊かにする道具

2-1 「信用」とは何か

60歳からどれくらいのお金が要るか

「第二の成人」60歳。

そのスタートラインで、不安に感じることは何でしょうか。

「人生100年時代」という表現がまだ新鮮なうちから、「人生120年」という声さえ、ちらほら聞こえてきます。60歳といえども、まだまだその先の人生は続く。そのとき、あなたが最も不安に思うことは何か——本章も、質問から始めていきます。

お金ですか？……その通り。「お金の不安がない」という人がいればお目にかかりたいくらいですよね。

家族?……当然です。ときに仕事以上に難しいのが、家族関係。

あるいは、死?……もちろん。生きとし生けるものの永遠のテーマでしょう。

本書では、これらすべてについて、これから一緒に考えていきます。

この章ではまず「お金」の問題を、第3章では「家族」の問題を、第4章は「死」について、一つひとつ考えを深めていきます。先述の通り、これらはすべて正解のないテーマ。大事なのは正解を出すことではなく、自分自身や大切な人との「納得解」を導くこと。

そのためのレッスンです。

60歳から30年ほどの人生を快適に暮らすためには、いったいいくらお金が必要なのか――。

初めに少々思い出してみましょう。

「老後資金2000万円問題」が話題になったのは、2019年のことです。同年6月に金融庁が公表した報告書「高齢社会における資産形成・管理」で、老後資金は公的年金だけでは「約2000万円不足する」としたのです。根拠となった数字は、総務省統計局が毎年実施している「家計調査年報」です。これを基に、月々の実収入額と実支出額の差額を30年相当に換算したものでした。

実際に使われたデータは、2017年の数字です。高齢夫婦（夫65歳以上、妻60歳以上）無職世帯の家計収支は、収入と支出の差額が毎月約5万5000円の赤字となる。ですから30年では、約1980万円の赤字です。ゆえに、「2000万円問題」とされたわけです。

あれから2年が過ぎました。その後9月に、金融庁は「2000万円問題」の報告書を撤回したのですが、パンデミックも経たこれからの世の中では、実際にどれくらいの金額が必要になるのでしょう？

あればあるなりに、なければないなりに、というのがお金の本質です。

ですから、あえて細かいことにはこだわらずに、おおよその試算をしてみましょう。大局的な見地であくまでも大ざっぱに計算しますが、シンプルな経済感覚というものが「ライフデザインの基礎」になるというのが私の経験則です。

本書でも、前述の「高齢夫婦無職世帯」をモデルにしたいと思います。

肝心なのは、支出面である家計費を把握すること。

家計費を大ざっぱに分ければ、最大のものは住居費、そして子どもの教育費、それ以外の生活費（食費や交友費、文化的な費用、医療費なども含む）の3つだというのが私の考え方です。

ですが60歳以降においては、住宅ローンは払い終えていて残債はなし、あとは管理費（修繕費）だけと仮定します。大きなリフォームもここでは想定しません。教育費も子どもたちは巣立っていて、もはやかからない前提とします。毎月の水道光熱費に約2万円として、支出は数万円程度に留まるとしていいでしょう。

要は、生活費なんです。

月々の生活費を概算すると、食費におよそ6万円、交友費や娯楽費に4万円、交通費や通信費に3万円、医療費に2万円、そして税金に3万円、その他の支出を約2万円と見積もれば、毎月の生活費として20万円前後の支出になります。

住居費と合算して、ここでは家計費を25万円としておきましょう。けっして贅沢な生活ではなくても、です。ただし、賃貸で高級マンションに住み続ける場合は別勘定になります。

それぞれの額面は、あくまでも目安です。この数字に惑わされる必要はありません。あなた自身の生活水準に合わせて、個別に概算し直してください。

対して収入面は、どうなるか。

ここでは年金などの社会保障給付金をメインにしてみます。保有株式の配当収入や、保有不動産からの賃貸収入はないものとします。

高齢夫婦をモデルにした月間収支の概算例

収入	年金などの社会保障給付金	20万円前後
支出	住居費・水道光熱費	3万～5万円
	食費	6万円
	交友費・娯楽費	4万円
	交通費・通信費	3万円
	医療費	2万円
	税金	3万円
	その他	2万円
収支		▲5万円

注：夫65歳以上、妻60歳以上の夫婦のみの無職世帯をモデルとする

あくまでも一例です。
ご自身で計算して
みてください！

あくまでも「高齢夫婦無職世帯」を例にすると、毎月20万円前後になるはずですよね。となると、毎月「5万円」程度の赤字になると予想できます。

この赤字分を、他に収入がない場合は、貯金などから切り崩していくことになります。他に収入があって黒字ならば、ひとまず心配なし。赤字ならばその額が、あなたの老後にとって必要な金額になる。

60歳の時点であれば、やはり「30年分」の未来を想定しておくべきでしょう。「毎月5万円の赤字」に12カ月を掛けて「1年で60万円の赤字」。それに30年を掛けますから、「1800万円の赤字」。贅沢を言わずに暮らすとすれば、単純計算ではこうなります。

ですが、3年に一度くらいは海外旅行もしたいということであれば、夫婦2人で1回100万円として、30年で1000万円。そのくらい上乗せして想定しておくのも大事です。なぜならいつ何時、このお金が医療費や介護費に変わらないとも限りませんから。

若い頃とは違い、高齢になれば不測の事態の出費が増えるものです。医療機関で支払う自己負担額も、一定以上の収入がある75歳以上の人については、2022年度後半以降、現行の1割が2割に引き上げられます。ですからやはり、2000万〜3000万円程度は60歳からの人生に向けて蓄えておく必要があるのです。

人生はクレジットゲーム

ところで、お金について、私はどのように捉えているか。
アプローチ法は、次の2つの問いかけです。

1 収入の本質とは何か?
2 支出の本質とは何か?

お金を「収入」と「支出」に分けて考えるのです。自分の人生を一つの事業と捉え、その構想を思いめぐらすようなものかもしれません。

人生が、事業であるならば、まずは現状把握が必要です。こんな問いを、自分自身に投げかけてみましょう。

今、いくら、借りられますか？

どのくらい自分は借金できるか？　ということです。

ここで問われているのは、あなたの「信用度」です。

世の中には信用される人と、信用されない人がいます。各々の信用度を仮に1～100の段階に振り分けたら、信用度1の人はお金を借りることができません。信用度100の人は、もしかしたら1兆円単位の借金も可能かもしれません。

お金だけではありません。仕事も同様です。

仕事を頼む。もしくは、引き受ける。その相互関係にも、目に見えない信用度が影響します。経験不足で見るからに力不足であったとしても、当人の誠実さがものを言い、大きな仕事を任せられることだってあります。要は、その人がどれだけ信用されているか。それが問われているのです。

「信用とは、他者から与えられた信任の総量である」

これが私の定義です。

「信任の総量」が大きければ大きいほど、より大きな仕事を任せられます。選択肢の幅も広がります。すなわち、他者から信任されればされるほど、人生の自由度は高くなり、自分のやりたいことが実現しやすくなる。

信用は「クレジット」とも言い換えられます。クレジットカードがさまざまな信任で成り立つ仕組みであるのと同様に、人生におけるクレジットとは、他者との関係に基づく相対的な価値尺度です。人生というゲームを主体的に行うためには、信用、すなわちクレジットを高めていく必要があるのです。

では、クレジット（信用）を数値化してみましょう。

たとえば政治家にとって、信用の数字は何でしょう。

「選挙で何票、獲得できるか」

確かに、そうですね。選挙とは、「私の代わりにこの仕事をやってもらいたい」という国民による付託行為ですから、市議会議員よりも県議会議員や都議会議員、さらには国会議員になるに従い、得票数は増えていくわけです。

どれくらいの数の有権者に信任されているかを得票数は語ります。ゆえに、得票数は政治家の信用を数値化したものだと言えるでしょう。

では、会社にとって、信用とは何でしょう。

会社の場合は、さまざまな数字があります。損益計算書、貸借対照表、資金繰り、といくつものアプローチがある。極めつきは「現在発行している株式数」と「株価」の掛け算、すなわち「会社の時価総額」でしょう。時価総額が「1兆円を超えました」、「20兆円を超えました」とニュースになるように、時価総額はその会社の信用を表す具体的な数値です。

個人についても、考えてみましょう。

「葬式の参列者数」は、どうでしょう。個人（故人）の信用を表す数値になり得るでしょうか。確かに以前は、「参列者が多い」イコール「偉い人」と見なされ、「とにかく人数は多いほうがいい」という風潮がありました。ですが、これが真に信用を表す数字かと問えば、首を横に振る人は少なくないでしょう。なぜなら、悼む気持ちと参列行為は異質のものだからです。

このように個人の信用度は、なかなか数値化が難しい。だから、先述の質問が出てきたわけです。

あなたはいくらまで借金ができますか？

これをきっかけにして、自分の信用度をさっそく数値化してみましょう。

自分の信用度を数値化する

次のページのチェックリストで「自分の信用度」の数値化にチャレンジしてみてください。

基礎編50点、金融編10点、応用編40点の合計100点満点になります（『45歳の教科書——戦略的「モードチェンジ」のすすめ』より）。

あくまでも、自己評価で結構です。できるだけ自分に甘く、点数をどんどん盛ってもらって構いません。私たち日本人は、こういうときに謙虚になりがちですから。

基礎編は1から10までで、50点満点です。あなたは何点でしたか。

「自分の信用度」を数値化するチェックリスト

基礎編　（それぞれ1〜5点で採点／50点満点）

【5＝よくできる　4＝できる　3＝普通
2＝あまりできない　1＝まったくできない】

下記の10項目について、自己採点してください。

① 挨拶ができる	1　2　3　4　5
② 約束を守る	1　2　3　4　5
③ 古いものを大事に使う	1　2　3　4　5
④ 人の話が聴ける	1　2　3　4　5
⑤ 筋を通す	1　2　3　4　5
⑥ 他人の身になって考える	1　2　3　4　5
⑦ 先を読んで行動する	1　2　3　4　5
⑧ 気持ちや考えを表現できる	1　2　3　4　5
⑨ 潔さがある	1　2　3　4　5
⑩ 感謝と畏れの感覚がある	1　2　3　4　5

金融編　（該当番号で採点／10点満点）

下記の10項目から当てはまるものを１つ選んでください。

① 1円も借りられない
② 1000円なら借りられる
③ 1万円なら借りられる
④ 10万円なら借りられる
⑤ 100万円なら借りられる
⑥ 1000万円なら借りられる
⑦ 1億円でも借りられる
⑧ 10億円でも借りられる
⑨ 100億円まで借りられる
⑩ ほぼ無制限に借りられる

大事なことは、何が「強い／弱い（得意／不得意）」ではなく、伸びしろに気づくことです。いずれの設問も、自分の心がけでより良くできるものだからです。点数が低い人は、伸びしろが十分にあるということ。逆に、50点満点で40点台の人は、その先がなかなか難しいですよね。テニスで言えば、中級者の一番上のほうへいくと、上級者の高い壁が途端に見え出す。それと同じです。とにかく、自分の伸びしろがどこにあるか。それを把握してください。伸びしろこそが、次に開ける扉です。


続いて、金融編。金融的な信用度を自己診断してもらいます。

いくらまで、あなたはお金を借りることができますか？

銀行を始めとした法人に限らず、個人から集めるイメージでもＯＫです。「お金の収集力」がどのくらいあるか、自己評価してもらいたいのです。

不動産や株式を持っている人は、それを担保にいくら借りられるか考えてみてください。会社を経営している人は、それも根拠にしてください。甘めな自己採点で構いません。

- □ 皆が価値があると認めるものを持っている
- □ 住まいのセンスはあるほうだ
- □ 犬を飼って世話をしている
- □ TPOに応じたファッションセンスがある
- □ リスペクトされる車に乗っている
- □ グリーン車かビジネスクラスに乗る
- □ 上品な腕時計をしている
- □ すぐ行動に移すほうだ
- □ 歴史の教養がある
- □ 会社以外のコミュニティに足場がある
- □ 自分の名前の由来を語ることができる
- □ パワーがあって若いと言われる
- □ 達筆なほうだ
- □ 挨拶は原稿なしで自分の言葉で語れる
- □ 犯罪歴はない
- □ 酒癖は悪くない
- □ 自分の葬式では涙を流してくれる人がいるだろう

あなたの信用度は?

基礎編＝＿＿＿＿＿点（50点満点）
＋
金融編＝＿＿＿＿＿点（10点満点）＝
＋
応用編＝＿＿＿＿＿点（40点満点）

総合評価

点（100点満点）

応用編 （「はい」1点：「いいえ」0点／40点満点）

下記の40項目について、自己採点してください。

- □ 体力がある
- □ 学歴が高い
- □ 国家資格や免許を取得している
- □ スポーツか芸術で実績がある
- □ 立候補すれば票が入るほうだ
- □ 出版物の著者である
- □ 論文を書き研究費が与えられている
- □ 勲章など国のお墨付きがある
- □ 海外駐在か留学の経験がある
- □ ケチではない
- □ クラウドファンディングで資金を集めたことがある
- □ Twitterなどのフォロワーが多い
- □ テレビなどに出演していて知名度が高い
- □ 本を読む習慣がある
- □ 記憶力が良い
- □ 集客力がある
- □ 講演すれば講演料をもらえる
- □ 既婚者で子どもを育てている
- □ 日本語が流暢に話せる
- □ 名前を知られた会社に勤めているか国家公務員だ
- □ 美味しいものはガイドに頼らなくても分かる
- □ 美男（美女）もしくは愛嬌のある顔をしている
- □ 苦労した経験を語れる

10点満点です。0点の人はいないわけですが、10点の人もいないのではないでしょうか。

最後に、応用編です。

前ページの40項目を「はい」「いいえ」でチェックして、合計点を出してみてください。

以上、応用編は40点満点です。

基礎編、金融編、応用編で合計100点満点中、あなたは何点取れたでしょうか。

ビジネスの局面では、信用の9割方は金融面で決まると言っても過言ではありません。ですが、本書ではそれを100点満点中の10点にまで圧縮しています。なぜなら私が問いかけているのは、あくまでも「社会的信用」だからです。

ある研修会社が実際に採点をしたところ、30代で50点台まで、40代だと60点以上、50代の人でやっと70点以上のケースが増えたそうです。年齢が上がるごとに社会的信用度も上昇するのが明らかになったわけです。

そう、歳を重ねれば重ねるほど経験値が増え、クレジット、つまり他者から与えられる信任の総量が増えるのは道理なのです。

2-2 「時間」とは何か

2×2マトリクスで時間の使い方を知る

自分自身の信用度を数字で確認したところで、およそ60万時間となる人生について、具体的に考えてみましょう。

どのように過ごすと、充実した人生を送れるのか。

考えるための武器は、次の図解です。複雑な問題ほど、図にして構造的にアプローチすると本質が見えてきます。

ここでは、「2×2マトリクス」を用います。コンサルティング会社がよく使う図です。

この図のポイントは、それぞれがトレードオフの関係になるように軸を設定すること。トレードオフとは、「一方を選べば、他方を選べない」関係のこと。どんなに複雑なものごとでも、初めの一歩は「トレードオフの2軸に分けること」です。

縦軸と横軸を、紙の中央に書いてください。

どうしたら、60万時間を充実させられるか。この2軸は、何にすればいいでしょうか。もちろん、正解はありません。ただし、考えるテーマは「時間」ですから、それぞれの軸も時間に関する事柄を選びます。


私の場合は、縦軸の上部を「個人的な時間」、下部を「組織的な時間」としてみました。さらに、横軸の左側を「処理的な時間」、右側を「編集的な時間」としてみます。第1章のレッスンの応用ですね。

こうして目に見える図にすると、自分の望みが次第に輪郭を帯びてくるでしょう。

人生60万時間をどう過ごせば充実するか？

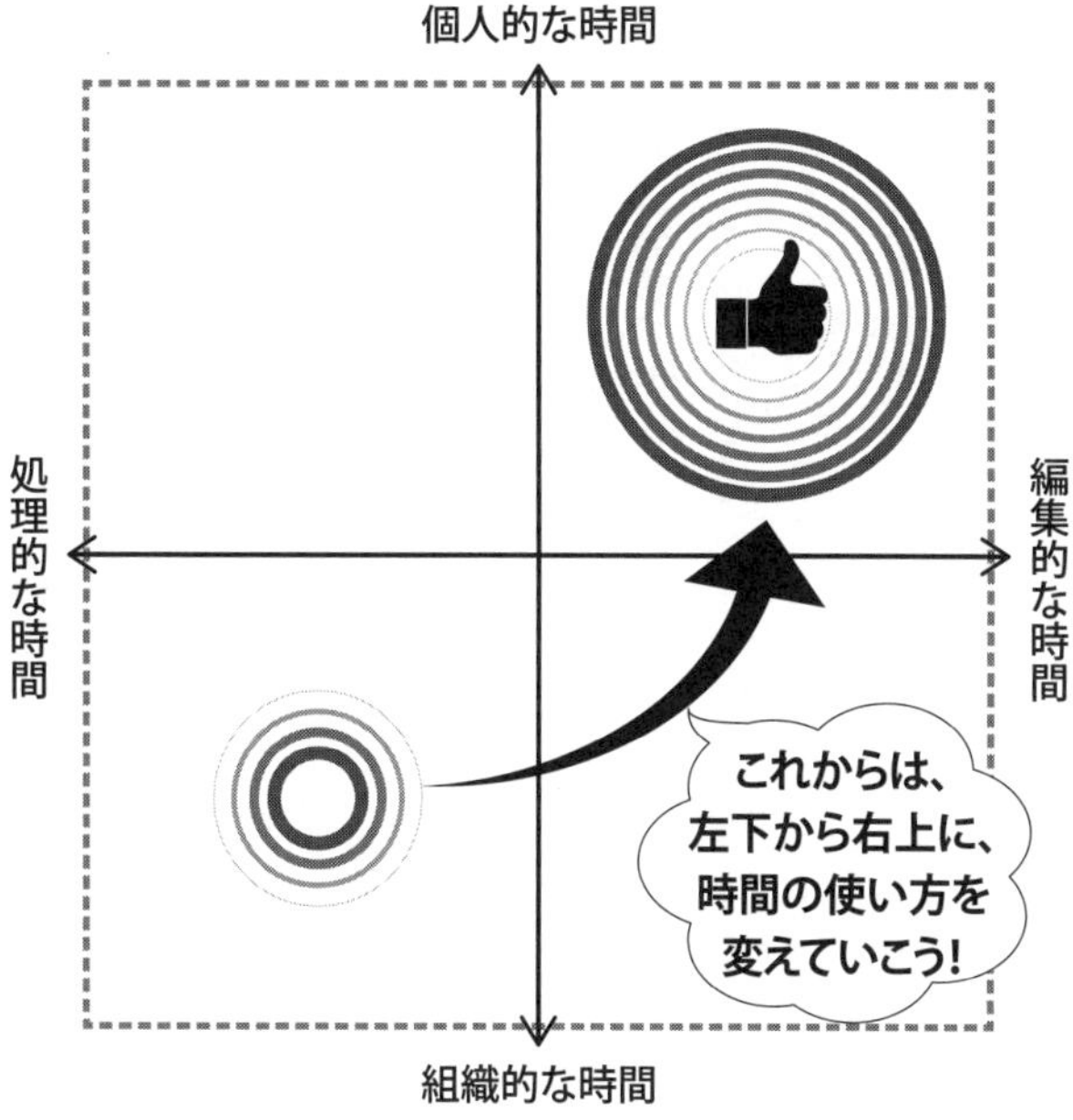

「右上のスペースが魅力的だな。〈個人的〉で、〈編集的〉な時間を充実させると良さそうだな」

そう思えてきたりもします。ただ、会社や組織で一所懸命働いてきた人であればあるほど、組織的で処理的な時間に多くを費やしてきたのではないでしょうか。左下の領域ですね。

「よし。これからは、左下から右上に、時間の使い方を変えていこう」

そんな決意ができたなら、心から祝福したいと思います。2×2マトリクスで目指す境地が見えた時点で、あなたの「人生の時間割」はすでに変わり始めているのです。

時間とは、いわば人生の舞台装置です。どのように使うか。それが、演目自体の良し悪しに影響します。「時間は過去を忘れさせる三途の川の水だ」という大作家の箴言《しんげん》もあるほど、人の感情さえ左右できる力を持っている。60歳からは「時間の使い方のプロになるための人生だ」と言ってもいいくらいです。真剣に「時間」について考える意義が大いにあるのです。

時間の断捨離、免罪符の活用

2×2マトリクスを使って、左下から右上への移行を決めましたね。

次に考えるべきは、その「人生の時間割」の移行を実現させるための具体的な方策です。

時間の質を変える最も有効な方法は、断捨離です。

個人的で編集的な自分の時間を新しくつくるためには、これまでの習慣をいったん断ち切ること。

「減らす、やめる、断る」。要するに「時間の断捨離」を決行するのです。まずは組織的で処理的な他人の時間の断捨離から。

これは長年、組織で働いてきた人には、想像以上に難しいことです。組織内で順調に昇進してきた〝優秀な人〟であればあるほど、苦手でしょう。

組織の慣習について、ここでちょっと考えてみましょう。

企業の中で偉くなればなるほど、仕事の老化現象が進みます。現場は部下に任せ、その成果を管理するのが上位職の仕事だからです。30代で課長職となってチームを率いる頃から、「したい仕事」と「するべき仕事」が乖離していくのが組織の常です。

そうしていつの間にか「個人的な時間」の6～7割が「組織的な時間」に侵食されていきます。たとえば次の3つの時間について、あなたはどのように扱っていますか。

1　部下との同行営業や顧客接待。これには社内接待も含まれる。

2　部下の査定や人事問題。これには元気のない部下を盛り上げる飲み会も含まれる。

3　会議と根回し。これには関連部署との社内調整も含まれる。

社内接待とは、いわゆる「社内飲み」です。これら3つを称して、「SSK比率」と私は呼んでいます（「接待」「査定」「会議」の頭文字で「SSK」）。たとえば、会社の取締役のスケジュールを見ると、SSK比率が9割に達する人もいます。

要するに、組織で働くとは、「個人的な時間」を果てしなく提供していくこと。善し悪しを言いたいのではなく、自覚しているか否かがポイントです。自覚できていればしめたもの。この機に捨てればいいのですから。つまり、左下から右上へと移行する断捨離とは、SSK比率を下げていくことなのです。

次に、公私の「私」の面で考えてみましょう。

あなたの日常生活において、「減らす、やめる、避ける、断る、逃げる」ことができる場面はどれくらいあるでしょうか。思いめぐらしてください。けっこう、あるはずです。

たとえば、私は結婚式に出ないことにしています。その代わり、親しい人から結婚の報せを受けた場合は、2人を個人的にお招きしてワインでも飲みながら、ゆっくりと話を聴くスタイルにしました。葬式には、本人と親しかった場合や、亡くなられた親御さんの顔をよく知っている場合以外は出席しません。これが自分のルールです。

次にご紹介するのが、「免罪符」。

「減らす、やめる、断る」を徹底的にやるためには、「免罪符」が必要です。

「自分の病気」か「身内の不幸」……日本ではこれが、免罪符になります。

驚きましたか。ちょっと抵抗感のある人もいるかもしれません。ですが、世間的な付き合いというのは、ルールがありそうでないものです。人生、「高く登ろう」と思うなら、自分の足を使うこと。そう、主体的になることです。ですから、余計な関係を整理していくのは、とても大事なことなのです。

とはいえ、整理されてしまう側からすれば、手放しで受け入れるわけにもいかない。そのとき、「まあ、しょうがないな」と世間様に言ってもらうためにこうした免罪符を使うのは、決してルール違反ではありません。お互い、それなりに納得できるからです。

社会経験が豊富なあなたは、きっと「あぁ……」と苦笑いしたことでしょう。

ただ、ここで強調したいのは「免罪符を使え」ではなく、「免罪符を使ってでも断捨離せよ」というポイントです。そうすることで得られるもの、気づけること、行き着く境地はかけがえのないものだからです。

私の場合を話します。

モーレツサラリーマン時代に突然襲われたメニエール病。めまい、耳鳴り、難聴の症状

個人的な時間を増やすための「時間の断捨離」

他人の時間を、

減らす・やめる・避ける・断る・逃げる

⬇

自分の時間へ

他人の時間に参加しないための免罪符は、日本では、

自分の病気

か、

身内の不幸

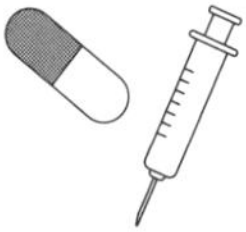

が繰り返します。当時は朝起きるのが、怖いほどでした。

同時にそれは、自分の人生を取り戻す「聖戦」の幕開きでもありました。私は、病気を逆手に取って自らの武器にしたのです。

「実はちょっと、メニエールを患っておりまして……」

そう告げると、世間のしがらみが、潮が引くように消えていく。

病が癒えた後も、私はこの免罪符を使っていました。飲み会で2軒目に誘われたときや、出たくない会議があるとき。「メニエール」という符丁は私にとって「個人的な時間」を守る武器になってくれたのです。

「あのとき、もし、発病していなかったら……」

振り返るとゾッとします。会社員として、私はやみくもに踊り続けていたかもしれません。

「報酬マトリクス」で現在のポジションと方向性を知る

「信用の数値化」、「個人的な時間」の重要性をここまで見てきました。

いよいよ本章の最重要ワークに移ります。

「お金の本質」を見極め、「自分の人生の方向性（ベクトルの向き）」を確かめられる「報酬マトリクス」の作成です。ここでも、2×2マトリクスを使います。

まず、横軸から見てください。

右側は、「経済的価値」を重視する価値軸。金銭的な報酬をどれくらい重視するかを可視化させます。左側は、「経済以外の価値」を重視する価値観。家族や友人、個人的に興味関心のある活動や社会貢献をどれほど重視するかを可視化させます。

右と左は、トレードオフの関係です。つまり、経済的価値の徹底的な追求と、個人的な趣味の追求は本来、両立しません。だからこそ、自分の立ち位置を、この横軸上のどこに見いだすか、じっくりと考える必要があります。

今度は縦軸を見てみましょう。

上部は、組織的な力を志向する「権力志向」です。サラリーマン的な志向ですね。企業

人生の方向性を確かめる「報酬マトリクス」

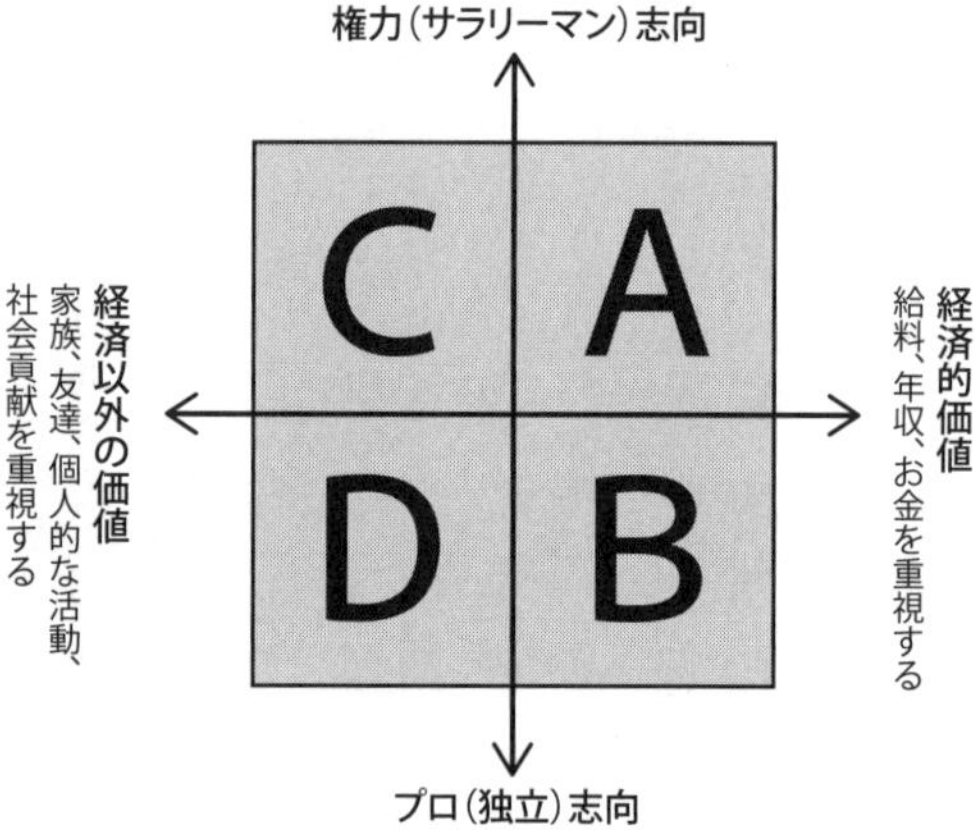

や組織内で昇進し、予算や人事権を得て権力を掌中にしたいなら上に行くべきです。けっして悪い意味ではありません。組織とともに自己実現する生き方です。それに対して下部は、個人的な力の充実を志向する「プロ志向」です。技術志向とも職人志向とも言えるでしょう。組織を離れて個人になっても、働き続ける志向性です。

今あなたはどこにいますか？　そしてこれから、どこを目指しますか？

A　会社に入るとここからスタートです。ほとんどの人が右上に向かいます。昇進したいし、経済的な報酬も得たい。組織の力を武器にする生き方です。

B　技術がものを言う領域です。プロになりたい、独立して稼ぎたい。個人の技を武器にする生き方です。

C　公務員、NGOやNPOの領域です。絆を活かしたい。人とのつながりを重視する生き方です。

D　研究者の領域です。知りたい、伝えたい、好きなものを究めたい。学究的な好奇心を武器にする生き方です。さまざまな分野のオタクや芸術家もこの領域に入ります。

分かりやすくするために、この4象限をさらに言い換えてみます。

A「力」を武器に生きる。
B「技」を武器に生きる。
C「つながり」を武器に生きる。
D「好き」を武器に生きる。

あなたはどこから来て、どこへ行くのか、行きたいのか。過去から現在、そして未来をこのマトリクスに描いてみてください。

とはいえ、自分のことでも、なかなか分からないものです。迷ったら、こんな自問自答をしてみてください。

「その領域で、自分は納得して仕事ができるか？」

納得できないのなら、本当は望んでいない領域です。何かしらのしがらみ、遠慮、妥協、あなたはどこから来て、どこへ行きたいですか？

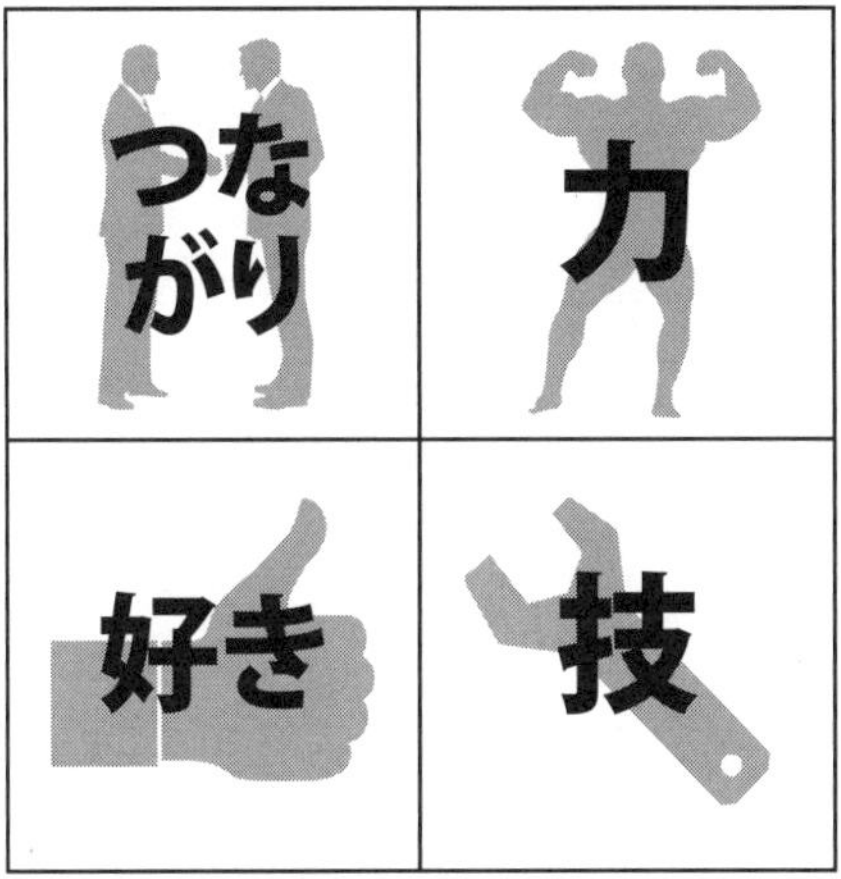

諦めによって、そこに留まっているわけです。納得できない仕事の場では、何かを創造することは不可能です。時間の無駄と割り切って、望む領域に自分を移行させましょう。

2-3 「お金」とは何か

「絆を結ぶ物語」にのみお金を使う

自分の信用度（クレジット）と時間割が見えてきたところで、次なるステップに進みます。

お金の「使い方」について、です。

お金の使い方にも、コツやセンスがあります。実はこれが、人生行路を決めると言っても過言ではありません。

私たちは、100円や1000円の使い方には慣れています。しかも上手い。チラシやネットの宣伝に目を凝らし、それなりの満足度を得ています。

一方、数千万円単位の買い物となれば、誰でも慎重に事を運ぶでしょう。マンションを買うような場合です。念には念を入れ、決断まで時間をかける。その間に、いくつもの条件を考慮するので、「買った途端に大失敗!」ということは滅多に起こりません。

問題は、1万~100万円ぐらいのお金の使い方なんです。学校でも、家庭でも、教わりません。そのため、「買えるか? 買えないか?」レベルでの選択となり、「どう買うか?」すなわち「どんなふうにこの金額を使うか?」という高次の思考に至らないまま大人になる人が多いのです。

お金の使い方は、その人の個性を磨いてくれます。

私の場合を話します。あるとき、決めました。「人との絆を結ぶ物語にだけ、お金を使おう」と。

現代社会は情報があふれています。個と個がLINEなどのSNSで直接つながり、ニュースのランキングは刻一刻と入れ替わります。そんな絶え間ない消耗戦に加わることなく、自分なりの物語を生み出すことに専念する。そのためだけにお金を使います。それは「自分の希少性が上がる」お金の使い方でもあります。

具体的な方法をここでは3つ、挙げてみます。

「プロを買う」「アバターを買う」「コミュニティを買う」です。

お金の使い方①プロを買う

お金の使い方、その1。プロフェッショナルをあなたの味方に付けましょう。

たとえば、自費出版という買い物を例に、藤原方式を説明します。

長年読書を続けて頭の中が活字でいっぱいになると、次には文章があふれてきます。今ならブログを日常的に書く習慣があれば、いくらでも発表の場はありますよね。

するとその先に、「自著を刊行する」という道が開けてくる。自費出版です。

そこで、「プロを買う」。

世間一般のやり方は、ネットで自費出版サービスを探したり、個人でできる製本業者に頼んだりするでしょう。藤原式は違います。

プロの編集者に自分の文章を読んでもらい、ある程度の分量があれば、プロのデザイナーに装丁や中身のエディトリアルデザインもしてもらう。いずれも、それなりの額を払って有償で頼みます。

「そんなの、もったいない」

そんな声が聞こえてきそうですが、実際、そうしないほうがもったいないのです。たとえ3000~3万円くらいで他人に配れる本ができあがったとしても、その本は果たして読んでもらえるでしょうか。よほどのファンや恋人でもなければ難しい。それが現実です。

少々支払う金額が増えたとしても、プロフェッショナルを介在させることで、結果は雲泥の差になります。プロの編集者ならば、

「ここは、自慢バナシになってますね」

「これは、不要です」

「もっと、苦労したエピソードはありませんか？」

などと話を引き出してくれ、読者という他者の視点で全体を再構築してくれます。

デザイナーも重要です。「何が書いてあるんだろう？」という好奇心の始まりは、本のたたずまいが左右します。馬子《まご》にも衣裳。作文にも装丁です。

プロフィール写真だって、プロの手にかかれば、あなたの最もいい表情を本に添えてくれます。プロのデザイナーやカメラマンにきちんと有償で依頼すれば、作品ばかりでなく、その人との絆も生まれます。物語が生まれるのです。お金が活躍するのは、そんな絆と物語が生まれる機会です。

世の中にあふれる物事をよくよく観察し、アマチュアとプロフェッショナルの差がどこにあるかを見つけ、その差を買う。得られるのはモノばかりでなく、プロとの絆の物語。それが、あなたの希少性につながります。

お金の使い方②アバターを買う

お金の使い方、その2。自分にできないことを実際にやってくれる人を支援しましょう。

「アバター」。自分の代わりに行動してくれる人を私はそう呼んでいます。

アバターをたくさん育てることで、その人たちが挑み闘う場に自分も間接的に参戦できる。いわば「代理戦争」を通じて、社会貢献できるのです。

「寄付のようなものですか？」と、あなたは訊くかもしれません。いいえ、ちょっと違います。漠然とよく知らない団体に寄付するのではなく、個人的な活躍を具体的に知った上で、その人や団体を支援するのです。より正確な現状認識と納得感、その双方が得られます。

アバターを買うことで、これまでさまざまな代理戦争をしてきました。「アバター」という語感が好きなのは、そこに「分身」というニュアンスが含まれるからです。子分ではありません、あくまでも、自分の化身。「孫悟空の分身の術」のイメージです。分身が増えれば増えるほど、嬉しいものです。自分もやりたいけれど、できない。だからパワーのある若者をお金と志の両面で支援してやってもらう。ここにも物語が生まれていきます。

東日本大震災後に、私は宮城県出身の元商社マンを支援しました。

立花貴さんといいます。

彼は仙台出身で、お母さんと妹さんが被災しました。震災後、東京から石巻市の雄勝《おがつ》に住民票を移します。本気で復興支援に臨んだのです。さらに、共同の漁業プロジェクトをやるために、船舶の免許を取り、漁師にもなりました。中学生の学習サポートや養殖漁業の復興、600年続く無形文化財・雄勝法印神楽の復活。

彼は一つひとつ地道に事を成し遂げていきました。そのプロセスに、私も彼とパートナーシップを組み、ともに歩ませてもらったわけです。立花さんの団体に寄付をすることで、立花さんというアバターと協業できるようになり、震災復興を自分ごととして体験できたのです。

孫悟空の分身の術、すなわちアバターづくりは究極の掛け算の術でもあります。自分のアバターをつくることで、ビジョンや理想を拡張できる。自分自身の希少性を高めながら、社会との交わりも深めていける手段なのです。

お金の使い方③コミュニティを買う

その3は、コミュニティづくりにお金をかけよう、です。

60歳以降の人生で、これが最も有意義なお金の使い方だと思います。

コミュニティをつくれない人は、寂しい人生を送ります。たとえお金がいくらあっても、です。人間は社会的動物であり、けっして一人では生きられません。家族という基盤とは別に居場所を確保したいのは、いくつかの分野の「社会的な中間集団」としてのコミュニティです。

なぜならそこで、人は自分の使命や役割を見いだすことができるからです。

人のためになること。誰かに、何かに、貢献できること。それが明日への生き甲斐になることは、経験したことのある人ならば、誰でも知っています。

昭和から平成、そして令和となり、家族は「集団」とは呼べないものになりました。核家族化と少子化。おひとり様の独居世帯も増えています。

たとえ家族がいたとしても、成熟社会においては一人ひとりが個人化していきます。子どもには個室と携帯が与えられ、食事中も手元にはスマホ。食後も息子はゲーム。娘はLINE。お父さんはテレビで、お母さんはネトフリ（Netflix）。もはや身体はそこにありながらも、心はバラバラで、一人ひとりがホテル暮らしをしているようなものなのかもしれません。

会社というもののコミュニティ性もずいぶん後退しました。終身雇用が幻想化し、非正規雇用が常態化すると、人間関係も希薄になっていきます。個人情報保護の観点から住所録はなくなり、同僚との会話や上司への報告がメールになる。もはや、「今夜、飲みに行く？」というような偶発的な出逢いも、コロナの影響もあって少なくなりました。

それでも人間には、コミュニティが必要です。ホンネで話せて、悩んだり喜んだりできるような濃密な関係性です。人は情動で動く生き物ですから、自分を受け入れてもらえる居場所が必要なのです。

たとえば、句会。たとえば、読書会。碁や将棋といった趣味から、テニスやウォーキングといったスポーツまで。キャリアや肩書きに囚われない付き合いは、60歳を過ぎてからのほうがむしろ長続きします。組織を超えて、もう一度、個人に返れるからです。

コミュニティの確保は、60歳からの人生における「死活問題」かもしれません。

先ほど時間割づくりをしましたが、「個人的な時間」をどのように過ごすか。それが深刻な問題になってくるのが、「第二の成人」以降です。

会社でもない、ましてや学校でもない。評価主義や同調圧力とは無縁に、自分のキャラクターを磨ける場所の見つけ方。

そのヒントの一つをご紹介して、本章を締めくくりましょう。

それはあなた自身の、10歳頃の記憶です。

何が好きでしたか？　どんな人たちが周りにいましたか？

それを再現できる場所を探してください。きっと、あなたのコミュニティがそこにあります。そのとき賢くお金を使って、その場所での時間を存分にとってください。

これも、「絆を結ぶ物語」にお金を使う藤原式の法則です。

本章では、「お金の本質」について、「収入」と「支出」について考えてきました。前章で見てきた「稼ぎの本質＝希少性」を「信用」から解き明かし、「絆を結ぶ物語」にお金を使うコツを紹介しました。

お金を活かすこと。それは自分を活かすことに他なりません。

次章ではさらに視野を広げ、60歳からの「共同経営者」としての妻（あるいは夫、パートナー）や子どもとの関係をどう築いていくかを見ていきます。親の介護という新たな事業が始まっている人もいることでしょう。

さあ、「家族」について考える第3章へと進みましょう。

報酬マトリクス

紆余曲折は生きている証

私自身の報酬マトリクスを描いてみましょう。

「放課後コラム①」で顧みた半生に即して、自己開示します。

報酬マトリクスの4象限。私の場合は、Aから始まり、Bに行き、Cへとワープ。それからDに入って、再びBに戻っている、というのが大まかな道筋です。

中心点からスタートしますね。まずは新卒でリクルートに入社し、一直線にA領域を右上に向かって突き進みました。「とにかく偉くなりたい」。昇進すれば、大きな仕事を任せてもらえ、気分もいいし収入も増えていきます。実際、肩書きはどんどん偉くなりました。

ところがほどなくして一つ目の挫折に見舞われます。30歳のメニエール病。猪突猛進の自分に対し、身体が赤信号を突き付けてきたわけです。Aを追求するのは不可能な状況になり、いったん背負っていたものを全部おろして私は考えます。

そこで、B領域を目指しました。昇進を望まず、収入を一定にして専門職となり、個人的な技術を身につけたい、と。

37歳のときには留学を思い立ちます。自分なりのテーマはまだ見つけられていませんでしたが、意を決し家族を連れてロンドン大学のビジネススクールに留学しました。ロンドンそして、パリ。日本とは異なる成熟社会を身をもって体験し、テーマを模索したのです。

教育か、介護を中心とした医療か。結論としてはこの2分野、もしくは住宅問題のいずれかに帰国してから関わろうと決めました。そこからは「フェロー」という道を選びます。

フェローというのは、報酬が0から4500万円の間で揺れ動く、なんとも不安定な身分です。要するに、サラリーマンの査定とは異なる評価基準なわけです。報酬面でもアウトロー精神が身につき、金銭的な評価を客観的に見られるようになりました。

自分で会社をつくるというチャレンジもしました。非常勤役員もやりました。それらの会社を畳む経験もしました。サブプライムローン危機もありました。破綻もありました。そうした紆余曲折を経て47歳のときに訪れたのが、「東京都では義務教育初の民間校長」というチャンスでした。

文字通り、飛び込んだのです。民間校長となり、そこで5年間。アラフィフの1万時間を注ぎ込み、とことんやり抜きました。「教育改革実践家」としての道が、そこから始まったのです。

次なる10年は、その道を究める時間となりました。53歳から全国に「地域学校協働本部」を広めたり、「よのなか科」を手本に「アクティブラーニング手法」を普及させたり。60歳から2年間は両親を連れて奈良に移住し、市立高校の民間校長も経験しました。


振り返れば、ビジネスに25年ほど、教育にも25年ほど関わったのが私の半世紀です。

こうして自分の重心が定まったところで、もう一度、ジャンプ。それがオンライン寺子屋「朝礼だけの学校」の開校です。校長は私。65歳からの新規事業への挑戦です。

「朝礼だけの学校」の最も魅力的なところは、「生徒が先生になる」というコンセプトです。小学生から80代までが集まるオンラインの学校ですから、年齢に関係なくお互いに学び合える要素がある。日本の教育システムの「正解主義」に対抗し、〝学び合い〟によって「情報編集力」を磨き合う場です。オンラインだからこそですが、SNSにありがちな「他人を攻撃する行為」を許しません。どんな発言をしてもいいので、自由奔放に自己開示することができています。

「朝礼だけの学校」は、私のライフワーク。どんどん進化させながら、私自身が一番学んでいる生徒であり続けること。なぜなら、学んでいる大人の姿こそが、あとに続く後輩や中高生にとって最高の教材になるからです。

病に救われた人生です。もしも30歳の自分に会えたら、こう言ってやります。

「報酬マトリクス」藤原和博の変遷

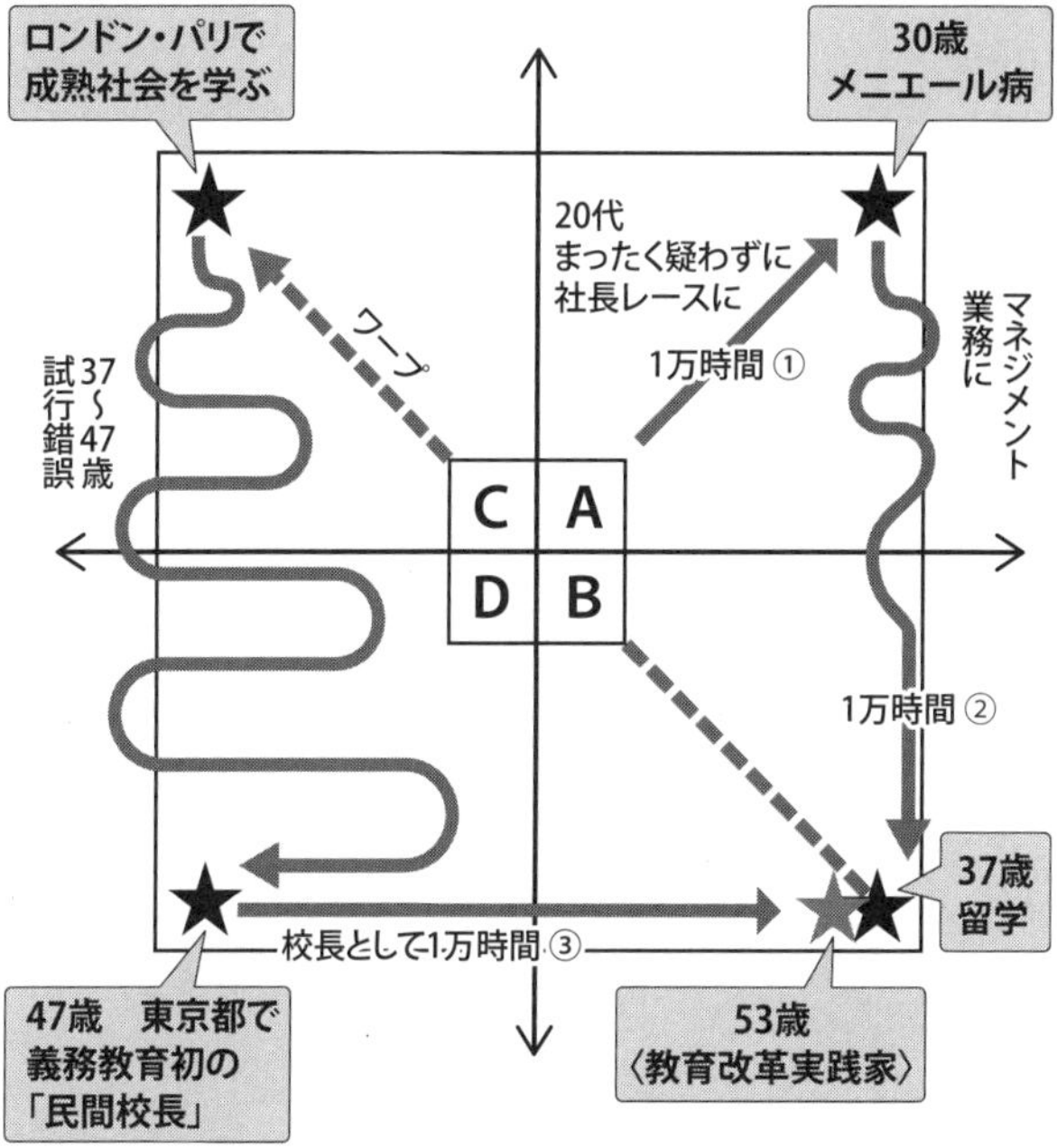

A：社長型
B：自営業・プロ型
C：公務員・NPO/NGO型
D：研究者・芸術家・オタク型

「キミにならできる！」

第3章

家族――無限の「ベクトル」合わせ

3-1 「ベクトルの和」の法則を活かす

十人十色の家族関係

本章では、60歳から続く人生を幸せに生きるために大切な、「家族」との関係性について考えていきます。

あなたにはご家族が何人いるでしょうか。そしてその一人ひとりと、あなたはこれまでに、どういう関係を取り結んできたでしょうか。

家族との関係を考える上で、私が見つけた重要なキーワードがあります。

それは「ベクトルの和」です。

ベクトルとはご存じの通り、矢印の形をした、数学や物理学で向きや速度を表すために使われる記号です。私たちも、それぞれ固有の「ベクトル」を持って人生を生きていると私は考えています。家族である彼・彼女たち一人ひとりと、あなたの「ベクトル」の状態を明らかにし、今後どういう方向にそれを向けるかを考えることが、家族とのより良い関係づくりにつながります。

今の日本で60歳を迎える人の多くは、長年組織で働いてきた「仕事人間」ではないでしょうか。本章で勧める家族への向き合い方は、そんな仕事人間の方にこそ役立つと信じています。

本題に入る前に、参考として私の家族構成も紹介しておきましょう。

私は32歳で結婚して33歳のときに長男を授かりました。37歳のときに次男、39歳のときに長女が誕生しています。そうして30代で5人家族となりました。

家族は増えるだけではありません。私の母は90歳で今なお健在ですが、天寿をまっとうした父を2018年に看取りました。義理の父は癌研の元院長で癌学会の会長でもあった医師でしたが、心臓を悪くして1998年に亡くなり、同じく医師であった義理の母は2010年に亡くなっています。

私の家族とあなたの家族は、年齢や性別などの基本的構成から、いつ子育てが終わり、親の介護が始まったかなど、多くの点で異なることでしょう。

そのように「家族」とは、あらゆる人にとって固有の歴史を重ねているがゆえに、一般化して語るのが難しい概念です。個人においても、結婚を複数回した人もいれば、ずっと独身の人もいます。子どもがいる人もいれば、いない人もいるでしょう。60代になっても両親が健在の人もいれば、早くに亡くした人もいることと思います。

また結婚を経験した人ならば、パートナーの「家族観」が自分のものとはまるで異なっていることを実感されたのではないでしょうか。

戦後長らく続いた経済成長期の日本社会では、国民みんなが一緒に思い描ける「スタンダードな家族像」がありました。父親が外に働きに出て、母親は専業主婦で家庭を守り、子どもを2~3人育てて社会に送り出す。そんな家族像が日本中に広まったのです。

しかし成熟社会に入った日本では、かつてのような万人に共通の「スタンダードな家族」の姿を思い描くことは困難です。それぞれ一人ひとりが異なる「家族」を営みながら、自分たちにとっての「解」を探す必要がある。

そんな時代の「家族」の築き方について考えてみましょう。

ベクトルの和の法則

まずは、「ベクトル」を用いた人間関係の捉え方について解説しましょう。

人間と人間の付き合いには、大きく分けて次の3通りの状態があると私は考えています。

1　あなたと相手のベクトルが「向き合っている関係」

2　あなたと相手のベクトルが、同じ方向を向いている「横に並ぶ関係」

3　あなたと相手のベクトルが、違う方向を向きながらも、協力して何かを成し遂げようと試みる「ベクトルの和を求める関係」

ベクトルとは、生きる上でのエネルギーの強さと、その方向性を示していると考えてください。あなたからは、あなた特有の向きと強さを持った「エネルギーの矢」が出ています。また、あなたと関係する他の人々も、それぞれが特有の向きと強さを持った「エネルギーの矢」を出しながら、日々暮らしているのです。

1つ目の「ベクトルが向き合う関係」の場合は、互いに関心を向け合っているため、対話の機会が多くあるはずです。付き合って間もない時期の恋人同士や、結婚してすぐの夫婦などの関係性がこの代表でしょう。しかしこの関係は、ベクトルが正面から向き合っているがゆえに、反発や対立も起こりがちです。

会社などの組織でも、上司と部下のように上下関係があるとき、この「向き合っている関係」になることがよくあります。お互いの信頼関係が構築できていないとき、部下は上司の命令に黙って服従するだけになったり、逆に反発して言うことを聞かなくなったりします。教師と生徒のような、指導する側と習う側に分かれる師弟関係においても「向き合っている関係性」はよく見られます。

ベクトルが向き合う関係

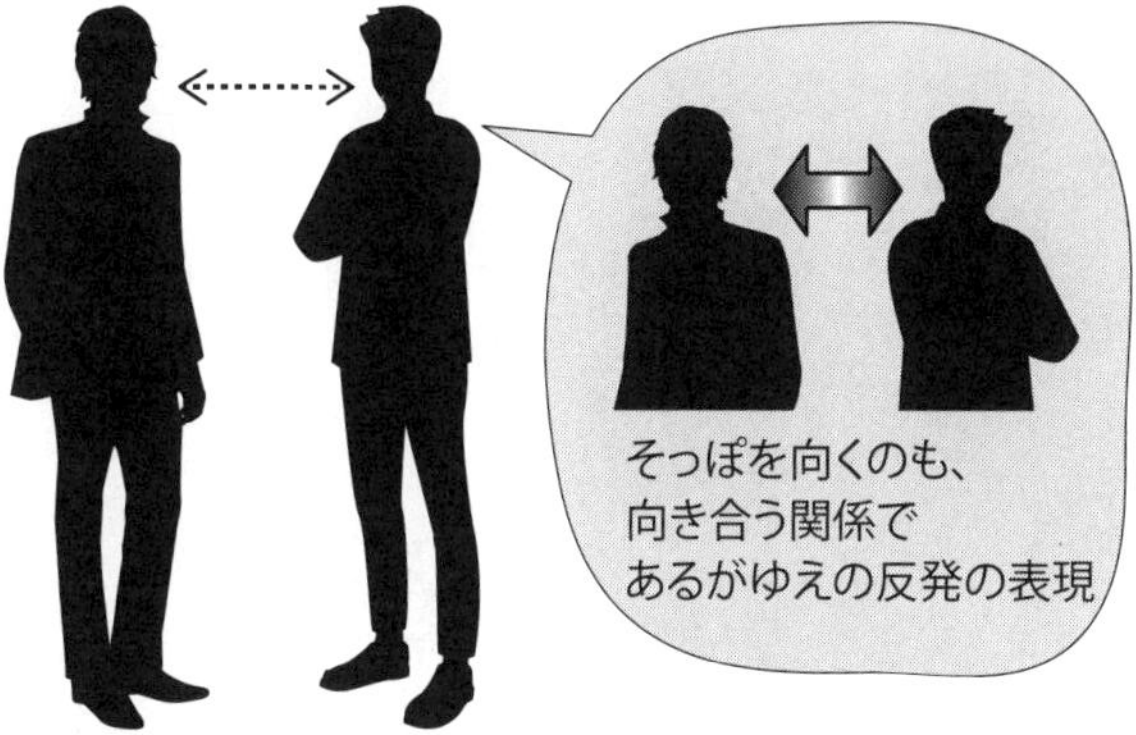
そっぽを向くのも、
向き合う関係で
あるがゆえの反発の表現

お互いに関心があり、対話の機会が多い。
それゆえに、反発や対立も起こりやすい。

親子関係の場合、親が子どもを注意したり、教え諭すときには、子どもにベクトルを向けて向き合わなければなりません。子どもがそれに対してそっぽを向くのも、向き合う関係であるがゆえの反発の表現です。

次に2つ目の「ベクトルが横に並ぶ関係」を見てみましょう。

この関係性がよく見られるのは、「共通の敵」に立ち向かっているケースです。たとえば、あなたが友人と一緒にベンチャー企業を立ち上げたとしたら、会社をなんとか軌道に乗せるという明確な目標に向かって、同じ方向にベクトルを向けるはずです。

また親子関係でも、小学生の子どもが中学受験する場合など、しばしば親が横で一緒になって勉強し、息子や娘とともに受験戦争での勝利を目指します。

この2つの例からも分かるように、関係がうまく継続するためには、2人の人間が長期的に「同じ目標」を持っている必要があります。

子どものいる夫婦なら、子どもに降り掛かってくるさまざまな問題を、共通の「敵」として闘う戦友になれます。子どもが独り立ちするまで、夫婦で協力し合いながら成長をサ

ベクトルが横に並ぶ関係

同じ目標を目指して、同じ方向にベクトルの矢を向けている。
関係を長く続けるには、長期的に同じ目標を持つ必要がある。

ポートすることが目標となるでしょう。子どもが親離れしてから、突然夫婦の会話がなくなってしまうのは、共有できる目標を失ってしまうからです。それまで「同じ目標」に向かって突き進むことが前提だったため、夫婦2人が突然別々の動機に基づいて生きようとすると、関係性がおかしくなってしまうのです。

私がオススメしたいのが、3つ目の「ベクトルの和の関係」です。

次のイラストをご覧ください。あなたのベクトルを「i」、相手のベクトルを「C」で表しています。2人のベクトルは、それぞれ違う方向を向いています。

「ベクトルの和」は、ベクトルCとベクトルiの2つを辺とする平行四辺形の対角線になります。おそらく皆さんもベクトルの和の求め方について、高校の数学の授業で習ったかと思います。

先述のように、ベクトルとはそれぞれの人間の「生きるエネルギーの強さと方向」を表しています。「ベクトルの和の関係」は、あなたと家族を含む他者が、もともと違う動機

ベクトルの和の関係

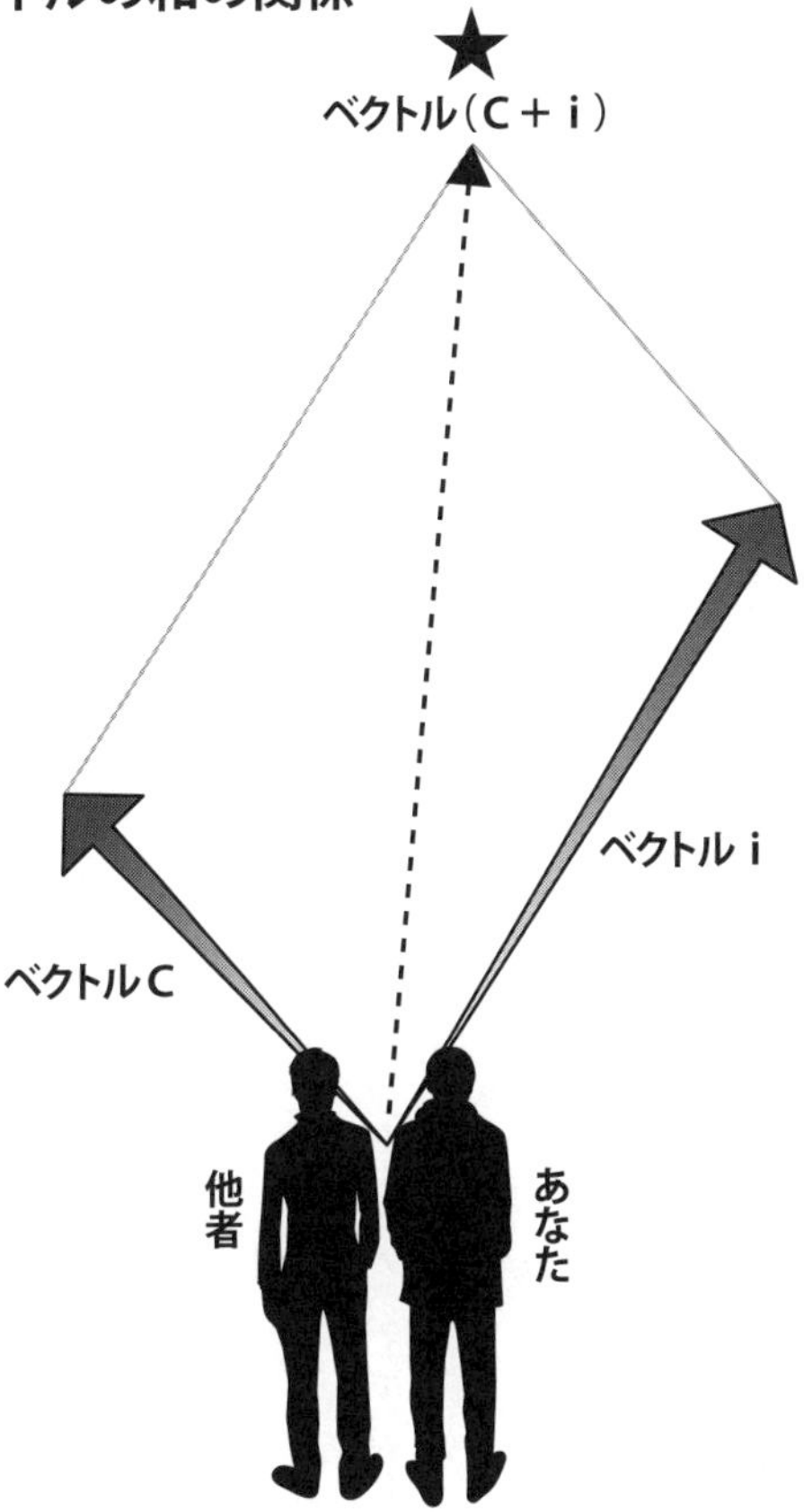

あなたと他者の異なるベクトルから得られる「対角線」は、
両者にとってより大きな成果の「共通のゴール」となり得る。

づけで事に向かっているのが前提です。

あなたと相手のそれぞれが、特有の向きと強さの「エネルギーの矢」を持っている。その違いを初めから認め合った上で共通のゴールを目指すとき、「ベクトルの和」が役に立ちます。

人間2人の異なるベクトルから得られる「対角線」は、両者にとって新たな「共通のゴール」となり得ます。その対角線の先を目指すことに両者が合意できれば、一人でゴールを目指すよりも、より大きな成果が得られるはず。2本のベクトルを足した対角線は、合成する前の2辺よりも長くなるからです。

人間関係においても、これは同様です。つまり、関わる他者と「ベクトルの和の関係」を築ければ、シナジー効果が生まれ、あなた一人のエネルギーよりも、必ず強いエネルギーが得られます。

「会社人間」として長年組織で働いてきた方ほど、これには実感を持っていただけるのではないでしょうか。仕事で成功するには、自分一人でいくら頑張っても限界があります。仕事を通じて出逢う、さまざまな他者やお客様との関係において、常にシナジーを意識し

「ベクトルの和の関係」を取り結ぶこと。

それが、仕事で大きな成果を生み出すコツだったはずです。

会社と個人の新しい関係

この「ベクトルの和」を求めるアイデアは、組織と個人の関係を考える上でも役立ちます。試しに、個人と会社の関係について、ベクトルの図で考えてみましょう。

昔の日本の企業の多くは「終身雇用」を維持し、一度入社したら、定年まで勤め上げることが美徳とされていました。会社側も従業員の生活を長年にわたって守り、退職金などの制度で定年後の暮らしまで面倒を見ました。代わりに従業員は滅私奉公の精神で、組織のために身を粉《こ》にして働いたのです。

そのときの会社組織と個人の関係をベクトルで表すとすれば、会社を表す「ベクトルC」がとてつもなく大きく、その上に「ベクトル・i」のあなたが乗っかっているイメージになるでしょう。

日本社会における組織と個人の関係の変化

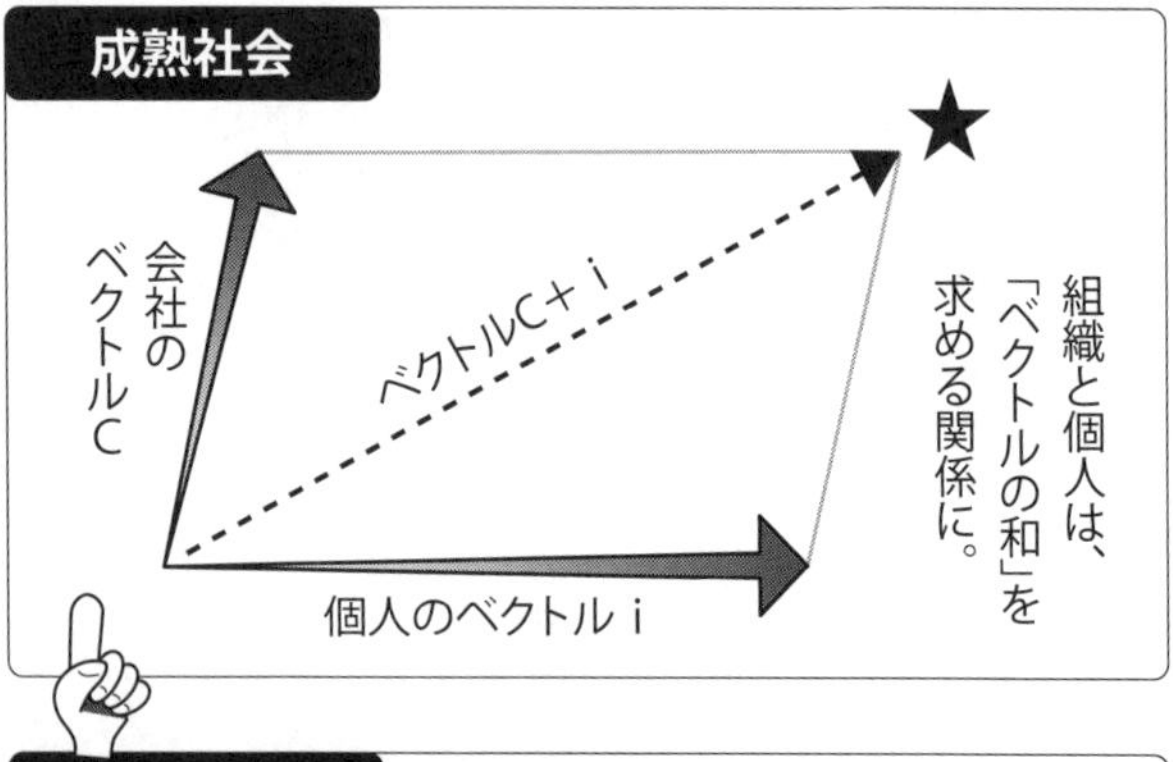

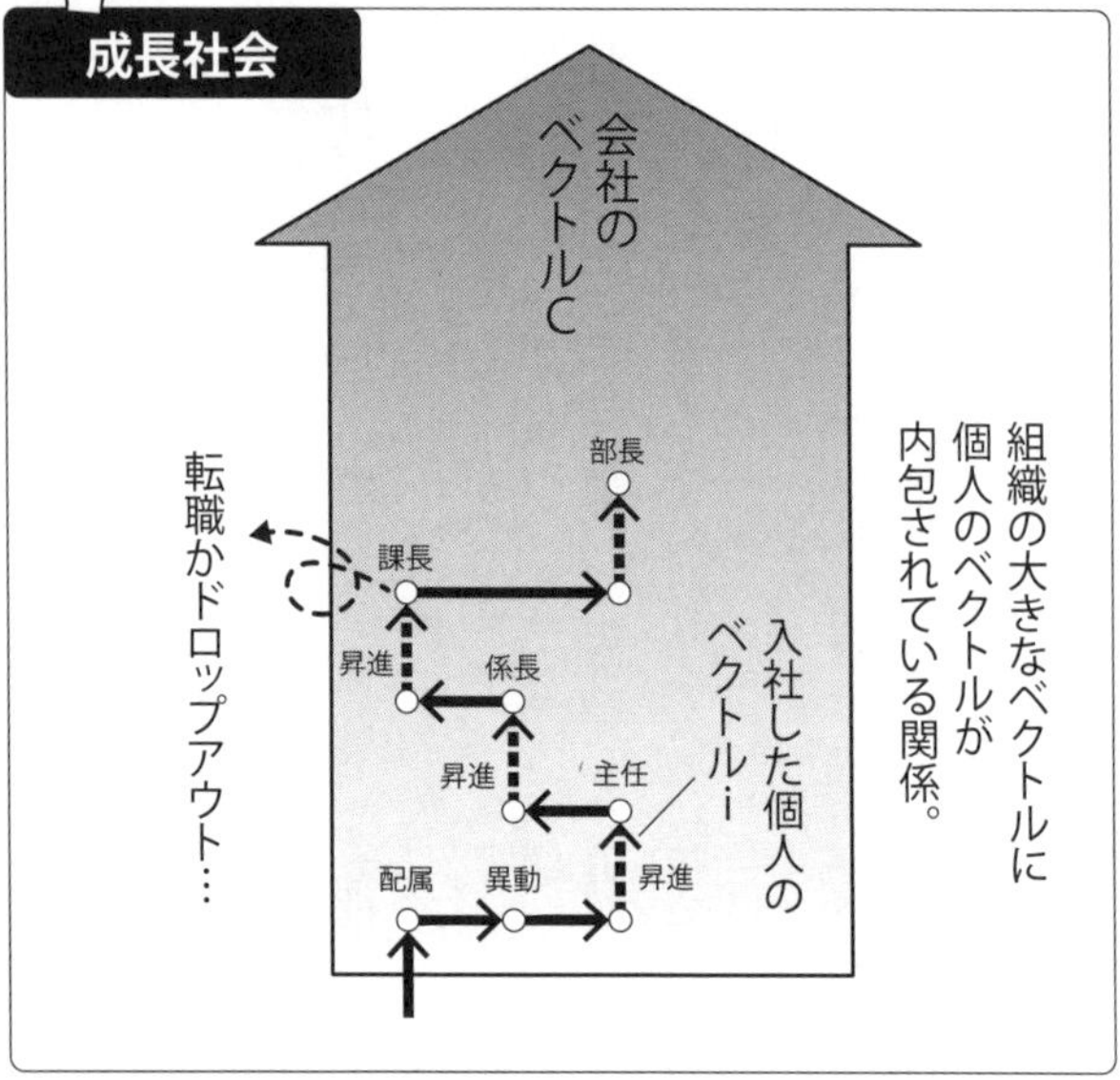

会社に入った個人は、働きながらスキルを身につけ、異動を繰り返し、主任から係長、課長、部長へと役職も上がっていきます。退職によって組織から離れる人もいましたが、多くの場合は別の会社に転職し、「別の大きなベクトルC」の中で働いたのです。これが高度経済成長期から30年以上にわたって長く続いた、日本社会の組織と個人のあり方でした。

しかし2000年代以降の成熟した日本社会では、経済環境の激変に伴って、会社と個人のあり方が徐々に変化していきます。会社は従業員の生活を一生面倒見ることなどできない。業績が悪くなれば、リストラで首を切ることもある。その代わり従業員も転職することが当たり前となり、「会社は自分の人生を充実させるための道具として活用するもの」。そんな考え方が一般的になってきました。

つまり、会社のベクトルCと、個人のベクトル・iを、無理に重ね合わせる必要がなくなった。その結果、会社と個人でも「ベクトルの和」を求める関係がつくれるようになったのです。

私自身も常に、誰かと仕事するときには、このベクトルの和の考え方を活かして、相手のモチベーションが上がるように働きかけます。

自分が発注する側だからといって、「こっちの言う通りに仕事をやってほしい」「お金を払う以上、四の五の言うな」といったスタンスでは、仕事相手のモチベーションはけっして上がりません。むしろ、反発されて最低限の仕事しかやってくれないでしょう。

しかし仕事相手のベクトルを最初に確認し、自分自身のベクトルと融合させて、「お互いにプラスになるいい仕事をしましょう」と働きかければ、相手も気分良く仕事に取り組んでくれます。「頼まれ仕事」ではなく、「自分ごと」として仕事に向き合ってくれるのです。それが、仕事における高いシナジー効果を生みます。

「C＋i」のベクトルの和を見つけて、最大限のパワーを発揮する。これこそが、成熟社会における課題解決能力の本質だと私は考えています。

ただし、そのとき最も注意しなければならないのは、人間関係における「ベクトルの和」は、単純化した公式では求められないことです。平行四辺形の対角線をコンピュータで計算するのとはわけが違います。すなわち、

「ベクトルの和を実現する〝補助線〟をどこに引くか」が、最大の肝です。

もっとも効果的な補助線を引くには、状況を正確に見極め、さまざまな情報を集めて分析する「情報編集力」が必要になります。

自分も含めた複数の他者との関係を「掛け算」で良いものにしていく。そのセンスこそが、仕事のできる人が共通に持っている資質なのです。

変化する会社、変化する自分、それらのベクトルの和がある時点で定まったとしても、状況が変われば変化します。なぜならば、私たちが生きる社会も、時の流れに応じて変わっていくから。ベクトルの和の修正を厭わず、「無限のベクトル合わせ」を行うこと。まさに、継続こそ力なり。

組織で働いてきたあなたには、きっと共感していただける話ではないでしょうか。

3-2 仕事の経験を活かす

ベクトルの和でマネジメント

組織と個人のベクトル合わせによって、数十年でベンチャー企業から日本有数の大企業に成長した組織。それこそが、私の古巣、株式会社リクルートです。

改めてリクルートの歴史を振り返ってみると、つくづく「運の強い会社」であることに気づきます。時代の変化をいち早く察知し、その潮流に乗り遅れず、次々に新しいサービスを開発し続けたことで、リクルートは大きく成長しました。

しかしその陰で、倒産しかねない深刻な「危機」がリクルートには何度もありました。

なかでも最大の危機が、皆さんもご存じの1988年に起きた「リクルート事件」です。

創業者の江副浩正氏が多数の政治家や財界関係者に子会社であるリクルートコスモス社の

未公開株を配ったこの事件は、当時の日本を大きく揺るがしました。教科書にも載っているくらいです。

普通の会社であれば、リクルート事件のような事態になれば、ほぼ確実に倒産するでしょう。ところがリクルートという会社は「普通」ではありませんでした。なんと、リクルート事件の直後から、1992年にダイエーグループの傘下になる「ダイエーショック」までのおよそ3年間に、売り上げを急速に伸ばしたのです。新聞やテレビが、連日会社の名前を挙げて非難する只中においても、リクルートの現場では着々と売り上げが積み上がっていきました。いったいどうしてそんなことが可能だったのか？

その謎を解くことで、きっと皆さんにも「ベクトルの和」の持つ力をより理解してもらえるはずです。

リクルートという会社は、「採用広告」を日本で初めてシステマティックにサービス化したことで知られています。しかし実は、リクルートの最大の特徴も、「自社の採用」にあるのです。「最高の人材を採るために、採用に最高度の投資をする」。この方針こそが、リクルートという会社を「最強のベンチャー」にしたと私は考えています。

採用を最高度に重視する。その風土をリクルートは創業以来、守り続けています。リクルートにおいてマネジャーは、自分より優秀な人間を採用できなければ、マネジャーの資格がないものと見なされます。逆に言えば、「自分より優秀な人間が採れる人ほど偉くなる」、それがリクルートの風土なのです。

人材こそが、不動産よりも、技術よりも、特許よりも、現金よりも、一番大きなレバレッジを生む。そのことを信じている会社が、リクルートです。この風土を創業者・江副浩正氏が生み出したことこそ、日本の経営史に残すべき偉大な功績だと思います。

そんなリクルートのマネジメント思想の背景には、「ベクトルの和」を求め、絶えず会社と社員とが、お互いのベクトルを確認し合い、補助線を引き直す努力を惜しまなかった歴史があります。

たとえば、リクルートには「皆経営者主義」という言葉があります。これは社員一人ひとりからアルバイトに至るまで、従業員すべてに経営情報を開示し、全員が同じ「自営業者」のような当事者意識を持って働くという意味です。

そんなリクルートで働くスタッフは、全員が「会社人間」ではなく、「会社内個人」という雰囲気を身にまとっています。役職などの肩書きはあるけれど、それはあくまで一時的なもので、仕事をするのは「個人」である自分だ、という意識が徹底しているのです。

上司と部下とのベクトル合わせ

リクルートでは、「異動が自己申告制である」ということも、成長を支える肝となっています。異動の機会が他社に比べて多いと思いますが、それは個人個人がより自分の能力を発揮するために、「社内転職」を繰り返すことが当たり前の風土となっているからです。

私が働いていた時代の一時期は、年に4回、四半期ごとに、社員に直接自己申告表が配られました。その紙には、「今の仕事に満足していますか」「上司はあなたの話を聞いてくれますか」「今後取り組みたい仕事はありますか」というアンケート項目がありました。つまり、「あなたは、今やっている仕事をこの先も続けていきたいですか」と、「ベクトルの向き」を絶えず会社から繰り返し訊かれていたわけです。

社員が提出する自己申告表は、上司を飛ばして、人事に直接届きます。それゆえ、人事は現場の社員の希望を直接把握することができました。優秀な部下を手放したくないがために異動の希望を上司が握りつぶす、といった姑息な事態が起きないよう、システム化されていたのです。

なぜ、そのような取り組みをリクルートは導入したのか。

それは、自分が自ら動機づけた仕事と、そうでない「他人から与えられた作業」には、何倍、いや、何十倍もの生産性と付加価値の差が出ることを、リクルートの経営層が知っていたからでしょう。

上司も常に問われ続ける立場です。チームで成果を出せず、部下の業績が上がるように指導できなければ、やがて部下から見限られ、「この上司のもとからは離れたい」と申告表を出されてしまいます。そうならないよう、上司も常に部下との間で「ベクトルの和」を合わせ、お互いにとって良い関係をつくることが自然に求められていったのです。

これこそが、リクルートを短期間で巨大企業へと成長させたマネジメントの肝であると私は考えています。

個人を尊重しながら、会社という巨大組織としてのまとまりも維持する。そのぎりぎりのベクトル合わせを絶えず続けていこうと努めてきた会社、それがリクルートです。

リクルートという組織は、4000人の社員がいれば、部や課などの組織単位ではなく、4000人の社員一人ひとりと個別にベクトル合わせを行います。リクルートという組織の一つの「ベクトルC」に対して、社員の「ベクトルi」は4000通りあります。それらを個別に合わせる努力を惜しまなかったからこそ、従業員のパワーが会社のパワーへと直結していったのです。

リクルートは「人材輩出企業」と呼ばれ、出身者に著名な起業家や有名ビジネスパーソンが多いことで知られていますが、さもありなんと思います。社員たちはもともとリーダーシップがあり、かつ「ベクトルの和」を求めるマネジメントができる人材として鍛えられます。独立して自ら立ち上げたベンチャーで、リクルート流の経営を行うことで、彼らの会社も軌道に乗せていくことができるのです。

リクルートとはそういう意味で、日本経済における「ビジネススクール」としての役割を果たしていると私は考えています。

さて、ここまで「仕事」軸における「ベクトルの和」の効果を紹介してきました。読者の皆さんも、自身のさまざまな仕事における過去の経験を思い出したのではないでしょうか。きっと、これまでの仕事人生で数え切れないほどの「ベクトルの和」を実現してこられたはずです。

本章のポイントはここからです。

「仕事」でさまざまな「ベクトルの和」を求めてきたあなただからこそできること。それが「家族」との関係においても、ベクトルの和を有効活用することなのです。

3-3 他者との関係を活かす

他者としての夫婦関係

私は「夫婦」も60代になったら、「身内」ではなく、「他者同士」として関係を捉え直したほうがいいと思っています。

身内同士の関係には、次の3通りがあります。

1　肩車型の関係
2　おんぶに抱っこする関係
3　抱き合う関係

肩車やおんぶに抱っこは、お父さんやお母さんが赤ちゃんや幼児に向き合うときの関係です。抱き合う姿勢は、愛し合う夫婦の関係と言えるでしょう。

愛情に基づく家族だからこその関係性ですが、社会的な営為である仕事においては、こ

身内同士の３つの関係

1 肩車型の関係

2 おんぶに抱っこする関係

3 抱き合う関係

のような関係性は長持ちしませんし、トラブルの原因ともなります。これらは、身内だからこそ許される、親密で安心感が得られる関係性ですね。

一方で私は、成熟社会の「家族」関係は「身内」を超えて「他者」としてもつながるべきではないかと考えています。「他人」という意味での「他者」ではなく、「ベクトルの和」を求める「他者」としての関係を築くことが大切だと思うからです。


たとえば、「結婚」について考えてみましょう。

個人的な経験や知人を見てきた経験からも、あらゆる結婚は、相手に「正解」を求めるとお互いに幸せになれない、と言い切れます。なぜなら、巡り会ったときには「最高の伴侶だ」と感じた相手も、結婚すれば毎日少しずつ、そして必ず変化していくからです。

相手だけでなく、自分自身も必ず変化していきます。付き合い始めて3年ぐらいでは見えなかった変化が、10年、20年と経てば自然に目に見えてきます。

さらに夫婦の間に子どもができると、関係性は大きく変わります。そうした変化する2人が、親密に抱き合う関係からベクトル合わせを行っていく関係へと変化していくのが、結婚生活の実態なのです。

人間は一人でいると、他者から受ける刺激がない分、成長のスピードが鈍化します。

もしかすると人類は、あえて困難が多く発生する結婚というシステムを採用することで、人間が異質な他者とのベクトル合わせにチャレンジし続ける道を選択したのかもしれません。自由が大幅に制限されても、結婚という「無限のベクトル合わせ」を続けることで、人は人間的に成長することができます。

新規事業としての子育て

「子育て」も、多くを学べるベクトル合わせの機会です。

子育てが始まると、多くの夫婦は意見の対立から揉めることが多くなりますが、それはなぜでしょうか？　その理由は、子どもができたことで、夫婦のモードが変わるからです。それまで恋人の延長のような関係性だったのが、子育てという新たな「重要任務」が夫婦の共同プロジェクトとして発生したことで、がらりと関係性が変化するのです。

仕事に喩えれば、まったくカルチャーの異なる2つの会社が、ジョイントベンチャーを創り、初顔合わせの社員同士で新規事業を成功に導くのに似ています。こうした起業の場合は事前にあらゆるリスクを想定して臨みますが、子育ての場合は、事の難しさを事前に意識して臨む夫婦は少ないのが実情です。

赤ちゃんは、親にとって無条件に可愛い存在。誕生を知らされた祖父母や親戚、友人知人の多くは心から祝福してくれ、生まれてからしばらくは親も我が子の世話に必死です。だから、子育てという事業がいかに困難か、最初のうちはなかなか気づきません。

しかし実際には「夫婦」であっても、20年以上、ときには30～40年も異なる環境・文化の中で暮らしてきた「他人」同士。

子育てにおいても、お互いが育ってきた家庭から強い影響を受けるのは当然です。しつけに厳しかったか、甘かったか。放任主義であったか、過保護だったか。贅沢に育ったか、節度を重んじる方針であったか。幼少期のお小遣いはいくらだったか。すべて違います。

また、父親がサラリーマンで母親が専業主婦の家庭と、両親が一つの店を経営しているような自営業者の家庭でも、日常生活の様子はまったく異なるでしょう。

そうした異なる家庭で育った男女が、ある日、いきなり「父」と「母」になる。

それが、子どもが生まれるということなんです。学校でも親になるための「教育」は行われていません。そんな2人が、いきなり子育てという「戦場」に放り出されます。入試や学校の試験と違って、子育てには「正解」は存在しませんし、若い夫婦に「これが正しい子育てだよ」とアドバイスをくれる人もそうそういないでしょう。

ましてや、赤ん坊は生き物です。生まれた瞬間から無限に「正解のない問いかけ」をしてきます。おむつは汚れていないし、ミルクはさっきあげたのに、いきなり火が点いたように泣き出し、いつまで経っても泣きやまない……そんなとき、会社で優秀なビジネスパーソンである人ほど、途方に暮れてしまうと思います。

優秀な人は、さまざまな問題を持ち込まれても、原因を分析して正しい対処を考え、次々と処理することに慣れています。ところが子育ては、「原因が分からない」「処理できない」「正解がない」……「なんだか分からない問いかけ」が、日々目の前で新たに発生し続けるわけです。

「育児」とは、人の成長にとってとてつもなく重要な「研修」だと私は考えています。子育てにおいて生まれる一つひとつの課題に対処することは、会社の命運を左右する新規事業を任されるようなもの。

やがて赤ちゃんの時期を脱し、3〜5歳頃になると、子育ての方針そのものに夫婦間のずれが広がっていきます。どこの幼稚園に通わせるか、習い事は何をさせるか、英語の勉強を早くからやらせたほうがいいのか……などなど、ここでも正解は存在しません。

進学問題ではそのギャップがさらに大きくなるでしょう。東京を始めとする日本の都市部では、ここ10年ほどで中学受験ブームが過熱し、一流と言われる私立中学に合格させたいなら、小学3〜4年生頃から進学塾に通わせることが「常識」になっていると聞きます。

しかも塾に通わせている間は、送り迎えや夜のお弁当作り、宿題のチェックなど、母親がぴったり横について面倒を見なければ、合格はおぼつかない、とも。

私個人の意見を言わせてもらえば、そんな状況は「異常」だと思いますが、我が子の将来の可能性を最大限に広げておきたい、という親心も分からないではありません。

塾だけではありません。習い事も、野球かサッカーかスイミングかクラシックバレエかで、両親の方針が対立するかもしれません。ピアノやバレエのような習い事は、母親自身が子どもの頃に習いたかったけれど習えなかったり、やっても上達しなかったりした経験があるかもしれません。自らの「リベンジ」のために我が子に課すなど、子どもの意思とはなんら関係ないことも起こりそうです。それが、夫婦の諍《いさか》いの種になることもあるでしょう。

子育てというのは、そんな子どもの成長に伴う、あらゆる局面での「無限のベクトル合わせ」のことを呼ぶのです。

初めから、すべての子に共通するような「正解」はありません。

だからこそ夫婦関係は、「基本的に違う歴史と文化的な背景を背負った他人同士の関係」と考えたほうがいい。「身内」だから「あ、うん」の関係で通じ合って当然と考えるのではなく、むしろ通じなくて当然と考える。通じない「他者」と共同プロジェクトを遂行しているんだ……そう考えたほうがうまくいくと思います。

夫婦の会話が減ったなら

子育てが終了段階を迎えると、なぜ夫婦の会話がなくなるのでしょうか。

子育て中に次々と現れる子どもの敵は夫と妻の共通の敵になるから、その間は夫婦は戦友でいられますよね。「この塾じゃあダメ！」とか「あの部活はやめさせたほうがいい」とか、共通の会話がいくらでも成立します。しかし、中学や大学の受験プロジェクトのような大きなイベントが終わると、この、仮想敵を想定した共同戦線も終わります。

だから、子育てという土俵での会話は、自然になくなるのです。

もっと具体的に示しましょう。

たとえば、学校の先生が、親にとって「敵」となることがあります。

「今度の担任の先生は宿題が多すぎるんじゃあないか」、「あの教頭先生はイジメを隠蔽しようとしてるんじゃないの？」などです。こうして、夫婦に共通の敵がいるうちは、お互いが戦友同士で会話も弾みます。

しかし、子どもが成長して高校や大学に入学し、寮に入ったりアパートを借りたりして自立すると、夫婦の戦友関係が解消され、共通の話題が一気に減ってしまうのです。

子育てという夫婦の新規事業が一段落したため、次のプロジェクトがないと会話がもちません。

ましてや夫が仕事一途であまり家にいない人だった場合は、退職後に深刻な事態が訪れます。専業主婦であっても仕事を持っていても、妻のほうは、PTAや町内会に積極的に関わり、さらにテニス仲間や旅行仲間など複数の重層的な人脈を築いているかもしれません。もともと女性のほうが（会社ブランドや名刺に頼らない）コミュニケーション能力が高いですからね。一方、会社内のコミュニティにしか居場所のない夫は、地元の人間関係をほとんど持っていません。

妻が40代から50代にかけて築いたコミュニティに、60代になった夫が突然、落下傘部隊のように舞い降りて入り込むのはなかなか難しいのではないでしょうか。だからこそ本書の第2章で、「コミュニティを買う」ことをオススメしました。

どんな夫婦でも、子育てが終わると夫婦間の会話は減少していきます。だからこそ、他者である夫と妻は、子育て新規事業の後に改めて「ベクトルの和」を求めて、補助線を引き直す必要があるのです。

補助線の引き方について、具体的に考えてみましょう。

先述の会社の事例では、組織をベクトルC、自分をベクトル・iと定義しました。夫婦関係では、どちらがベクトルCでもベクトル・iでも構いません。いずれにしろ、新しい夫婦関係を創っていくために、改めて補助線を引く努力をする必要がある。

準備期間も大事です。子育てが一段落する時期に準備を始めるのが理想です。具体的に言えば、子育て期間を終えて子どもが独立する3年ぐらい前から、次にどんなプロジェクトに夫婦で取り組むかを考え始めたほうが良いでしょう。

「自宅の一部を改装して、地域の人が交流の場として使ってくれるカフェを運営する」
「夫婦で地元のボランティアサークルや被災地支援のNGOに入って活動する」
「妻が趣味で作っているアクセサリーを、夫がウェブサイトで販売する」

そんな夫婦共通のプロジェクトがあれば、子どもが親離れしても、「ベクトルを合わせて」お互いに頑張り、コミュニケーションを続けることができます。

一方、「すぐにはそのような共同戦線を張れるプロジェクトが見つかりそうにない」と感じる人にオススメなのが、犬を飼うことです。

お互いの名前を呼ばなくなった夫婦でも、犬を飼うようになれば、「もう餌はやったの？」「夕方の散歩には行ってくれたの？」と、愛犬の生活を中心にした会話が復活します。

夫婦間でも「ベクトルの和」に基づくプロジェクトを続けて会話を重ねてきた人は、たいていの場合、夫婦以外の他人ともコミュニケーションをとるのが上手です。夫婦といえども、死ぬときは一人ですから、片方が亡くなれば必ず片方が取り残されます。そうなったとき、コミュニティの仲間と良好な関係を維持し、孤独な晩年を迎えないためにも、ベクトル合わせの技法を習得しておくことが実際に役に立つはずです。

女性よりも男性のほうが、老後に孤独になるリスクが高いと言われており、会社人間の男性は特に日頃から気をつけておいたほうが良いでしょう。

ここまでベクトル合わせを軸に話を進めてきましたが、「結婚」にしろ「子育て」にしろ、家族は「無限のベクトル合わせ」の道場です。

しかもどこにも正解がなく、あらゆる納得解に開かれている場だと言えます。

このような家族間の「ベクトル合わせ」は、何歳からでも遅くはありません。あなただけのオリジナルな「ベクトル合わせ」に挑んでみてください。

「ドテラ」というベクトルの和

次に、家族の観点から話を広げ、学校が地域社会とベクトル合わせをした例を紹介したいと思います。私が47歳から5年間挑戦した、杉並区立和田中学校の経営についてのお話です。中学校の経営についても、この「ベクトルの和」の考え方がとても有効でした。

和田中では、正規の教員以外に、多くの人々を招いて生徒の学習や成長のためのサポートを行っていただきました。「ベクトルの和」をそれらの人々と合わせて、開かれた学校のモデルをつくりたかったからです。

具体的に2つの事例を紹介しましょう。

一つ目は、「土曜寺子屋」、通称「ドテラ」と呼ばれる土曜日に行われる補習教室です。20年近く経った今も存続していて、和田中の文化として完全に定着しています。

ドテラを始めたのは、さまざまな理由から家で勉強することが難しい生徒がたくさんいることに気づいたからでした。たとえば、シングルマザー家庭で経済的に厳しく、家に帰ってもゲームぐらいしかやることがない。塾や英会話スクールや水泳教室にも通えない。近くに気軽に運動できる場所もない。

そんな、行き場のない生徒たちに向けて土曜日の午前中に学校を開放し、その週に出た宿題くらいは一緒に片付けられる場をつくったのです。希望すれば、「誰でも参加できる」ルールにしました。

問題は、「誰に先生になってもらうか」でした。正規の時間外に教員に頼むわけにはいきませんので、ボランティアを募るしかありません。そこで私が「ベクトルの和」から思いついたのが、「教員になりたい大学生」に横についてもらうことでした。彼ら自身にとっても、中学生に教える経験を積めることは大いに役立つはずだ。そう考えたのです。

実際にドテラを始めてみると、最初のボランティアに応募してくれたのは、宮沢くんという数学の教員を目指す大学1年生、一人きりでした。勉強する中学生も「暇だったからしょうがなく来てみた」という感じで、15人ほどしかいませんでした。

しかしドテラは着々と成長し、数年後には30名以上の大学生ボランティアが交代で勉強をサポートするようになり、毎週200人を超える生徒が通ってくるようになったのです。和田中の全校生徒が320〜330人ぐらいで、そのうちの200人ですから、半数以上が毎週通ってきたことになります。

ドテラのボランティアを続けた教員を目指す大学生たちは、「ナマの中学生」とコミュニケーションを重ねながら、実践的な授業の訓練ができたことで、実際に教師として巣立っていきました。教師にならず、一般企業に就職したり公務員になった学生たちも、理解の遅い子たちに一所懸命向き合うなかで、成長していったのです。

当初、彼らは「学生ボランティア」を略して「学ボラ」と呼ばれていました。しかしそのうち、地域で活躍する社会人や企業を退職した60代以上の人もドテラに参加するようになったことから、「学ボラ」は「学習ボランティア」の略に修正されました。生徒にとっても、先生でもないし親でもない「ナナメの関係」の大人との交流の場となり、ドテラは土曜日の彼らの居場所になっていったのです。

現在もドテラの人的ネットワークは活発に動いています。同窓会も組織され、またドテラの活動を通じてカップルとなり、結婚した人も私が知るだけで3、4組います。私が和田中の校長を離れた6年目には、赴任した年に3年生だった生徒が大学生として教員を目指すことを決め、ドテラの学ボラに戻ってくるという循環も起こりました。循環が起きたことで、「ドテラは本物のコミュニティになった」と当時つくづく感じたものです。

和田中の生徒、大学生、そして地域社会に大きな変化をもたらした「ドテラ」も、「中学生」と「教員になりたい大学生」のベクトル合わせからスタートしたわけです。

学校と地域のベクトル合わせ

ベクトル合わせの2つ目の事例は、和田中発祥の「地域本部」です。

地域本部とは、和田中の卒業生やPTAの方々、地域の住民、大学生など、さまざまなボランティアの人々から構成される学校のサポート組織です。

和田中では2003年にスタートし、一時期は100名以上のボランティア登録者がいました。

地域本部を始めようと思ったのは、学校の事務業務における先生たちの負担が増え、授業と部活以外のことは頼まないほうがいいなと判断したことがきっかけです。学校を運営するのに職員室の力だけではもう限界だということ。でも、もう一つ、子どもたちの学びを豊かにするための別のパワーが欲しい。だから、地域のコミュニティの人材をどこまで掘り起こせるか、発掘してみようと考えたのです。

この取り組みの中でも大きな話題となったのが、毎週水曜日に公開でやっていた「よのなか科」の授業です。学校で教える知識を実社会で活かせるように、「よのなか科」ではそれまでの中学校では教えてこなかった「実践的且つ哲学的なテーマ」を授業で掲げました。

たとえば、「社会に出てから稼ぐ大人になるにはどうすればいいか」「いじめをなくすにはどうしたらいいか」「結婚と離婚を考える」「自殺や安楽死の是非」「人間にとって宗教とは何か？」など……正解がなく且つ生きる上で重要な問題について、とことん真摯に議論するものです。哲学科のノリですね。

現在、文部科学省も推奨している授業手法であるアクティブラーニング方式の手本として誕生し、ブレストやディベートを多用して、生徒の思考力・判断力・表現力を育成する授業。

だから、私の在任中の2003年から2008年にかけて、全国の自治体の学校ならびに教育委員会の関係者、市議会議員らが絶えず見学に訪れるようになりました。

私は「よのなか科」の授業に構わず彼らを交ぜ、常に生徒と直に議論してもらうようにしたのです。教員になりたい大学生や地域社会の大人も（教育関係者でなくても）歓迎したので、授業は2クラス80人の生徒に対して40人の大人がそれぞれ班に加わって120名でやるという賑わいのあるものになりました。

「よのなか科」の授業を通じて「地域本部」に参加する人材を募集していったというのが裏の事情です。ですから、平日の「よのなか科」の授業と、土曜日の「地域本部」が主催する「ドテラ」は切っても切れない関係だったわけです。

「よのなか科」には、文部科学大臣が2代続けて視察に来ました。ついには伊吹文明氏が文部科学大臣のときに50億円の予算がつき、全国の公立校へ「地域本部」と「よのなか科」を普及させることが決まったのです。

こうして生まれた「地域本部」(呼び名が変わって現在は「地域学校協働本部」と呼ばれます)は2008年から全国への普及が始まり、10年以上が経った現在、1万7000校区以上(全公立小中学校の60%)に広がっているのは前述の通りです。

学校は職員室の先生だけで運営するのは無理。チームを組んで、職員室の先生方と地域社会の大人たちの両輪で学校というクルマを動かしていかなければならないという私のメッセージは、もはや文部科学省の方針にも謳われているのです。

地域本部の考え方も、「中学校」と「地域社会のコミュニティ」のベクトルの和の発想から生まれました。学校内の先生方と、地域の有為な人材が「地域本部」で結びつき、自動車の両輪のように学校を共同経営していくことで「コミュニティスクール」に近づいていくこと。

そうして初めて、保護者の多様な要請や子どもたちの複雑な悩み、学習内容の変化に対応することができるのです。和田中での取り組み後に、あるべき学校の姿として「チーム学校」という言い方が文部科学省で生まれました。

これは、「学校」というベクトルと、地域社会の一人ひとりのベクトルの和を求める試みを指すのだと思います。

我が子に育てられる

本章の最後に、我が子との関係について述べてみたいと思います。

まずお伝えしたいのは、「子が、親を育てる」ということ。

私の場合も「父親としての私は子どもたちに育てられた」と言い切れます。

私が「親」になった1990年代、すでに述べたように、成長社会から成熟社会への大転換が始まっていました。それが意味するものは、20世紀の高度経済成長期に「正解」と考えられていた、力強い家長的な「父性の時代」の終焉でした。

「正解」のない時代には、父親自身が子どもに教えてもらいながら、ともに学び続けるしかなかったのです。私自身も七転八倒しながら、学んでいきました。

そもそも独身のサラリーマンだった私です。結婚して家族2人になり、子どもができて3人になったというだけで、家族の中で父が果たす役割については考えたこともありませんでした。子どもを育てる喜びはありましたが、「たまごっち」のような育成ゲームをしているような感覚で、父という存在について真剣に考える機会はなかったと思います。

一方で私は、仕事の行き詰まりを感じていました。時代を先取りして会社が保有する情報のデジタル化と、それを活用したマルチメディアソフトの出版を始めたものの、その意義を会社がなかなか理解してくれない。

ついには進めていた事業に上からストップがかかり、集めたスタッフを解散しなければならない事態に追い込まれたのです。私はリストラを実行する過程で、新規事業を担当する者が時折陥る、会社と自分の関係における「閉塞感」に襲われるようになりました。

閉塞感は、同じ場所に留まっている限り、打破することはできません。だから私は家族を連れて、一度海外に出ることにしました。そのとき4歳の長男の他に、妻のお腹には妊娠8カ月になる赤ちゃんがいました。

ロンドンでの4歳の息子との暮らしは、自分自身がどれほど無意識のうちに父の姿を真似していたかに気づく機会になりました。それまでの私は、まだ反抗期の延長で、父を反面教師に「できるだけ逆の生き方」をしようとしていたのです。

それにもかかわらず、長男を叱る場面では、なぜか父から受けた「父らしさ」から逃れられない。息子に対して「こんな人に成長してほしい」という願いにさえも、自分の父や母から影響を受けた古臭いイメージが忍び込みます。

さらにやっかいなのは、私自身が日本の戦後教育で刷り込まれた呪文の数々でした。高度経済成長を担う〝経済戦士たち〟を大量生産した受験制度。それに直結した企業でのサラリーマン教育。それらの影が、自分と息子の関係性をも覆ったのです。

私の言葉や態度の端々に、古い日本の影が染み着いていることを感じ、それが子どもに伝わっていることが分かって、文字通りゾッとしました。知らず知らずのうちに、我が子を自分と父のコピーにしようとしていたのです。

父だからこそ気づけたこと

父は子どもに、何ができるのか。

初めてそれを真剣に考えました。

同時に、自分自身が生きてきた環境や、父母との関係、通った学校、受験の経験などを思い返しました。生まれたときから一貫して成長を続けてきた日本経済と社会が自分に与えている影響は何か。さらには、サラリーマンとして働く自分の考えや価値観にどのような影響を及ぼしているかについて、一つひとつ読み解いていったのです。

すると、次第に分かってきました。私の何げない妻への態度や、息子に何かを要望するときの言動が、遠く離れた「日本」の成長社会の呪文の数々から計り知れない影響を受けていたことを。

「早くしなさい」

「ちゃんとしなさい」

「いい子ね」


息子にこの言葉を何度言ったことでしょう。この三拍子を常に求められるのが、典型的な日本のサラリーマンでもあります。

だから、この呪縛から息子を解き放ってやらねばならない。そう、気づいたのです。

思えば私は、指折りの「早く、ちゃんとできる、いい子」のサラリーマンでした。子育てを通じてようやく、自分に刷り込まれたものの根の深さに気づくことができたのです。

自分の中での「聖戦」が始まりました。

幾度となく、自分に言い聞かせたものです。


「早く！　と、言わない」

「ちゃんと！　も、言わない」

「いい子にしなさい！　も、禁句」

強烈な呪文の呪縛を解くかのように、何度も何度も心の中で繰り返しました。

こうして私にとっての新しい父性の型が形づくられていきました。まず、「自分がどんな呪縛を受けてきたか」に気づいた上で、子どもをその呪縛から「逃がしてやること」こそが、父性なのではないかと考えたのです。

父という存在の意義は、自分の父親を真似て子どもに常識を押しつけるためにあるのではなく、子どもと一緒に常識を覆すことにあるのではないか。

父らしく振る舞うことで父になるのではなく、世間で常識と思われている概念に「なんか、変だな」とむしろ子どもと一緒に爆弾を投げること。それができる意思を育むことが、父という存在の意義なのではないか……そう考えたのです。

こうして、息子との関係を築く上で得た発想が、そのまま教育改革実践家としての活動につながってきます。ミッションとなるものは、教育界に蔓延《はびこ》っている「正解主義・前例主義・事なかれ主義」を排して、一斉授業を超える新しい仕組みづくりに奔走すること。

その原体験には息子を通して知ったこと、つまり、無意識に自分が囚われていた「呪縛」の存在があります。

私自身の呪縛を解くことから、すべてが始まったのです。

ちなみに、長男はその後、どんなふうに成長したか?

私が自分の「60歳成人」パーティーを銀座で開いたとき、実は、隣の店を息子が使っていました。彼は自分自身のプロポーズのサプライズパーティーを開いていたのです。息子はその相手と翌年結婚し、今はリクルート出身者が起業した会社のグローバル担当をしています。

彼がこれからどういう人生を歩んでいくのかは分かりません。私にできることは、これからも、学校教育界から滲み出して日本社会を覆う「正解主義・前例主義・事なかれ主義」を自分自身が脱し、壊し、突破し続けることです。

「聖戦」は今も続いています。

本章では、家族の営みは「無限のベクトル合わせ」だという話をしました。

つまり、人生とは「無限のベクトル合わせ」の連続なのです。

「正解」がどこにもないからこそ、さまざまな人と関係性を更新し、「納得解」をつくりながら、「修正主義」で生きていく。

それこそが、成熟社会の生き方だと思います。

この「無限のベクトル合わせ」はパートナーとの関係性だけではありません。あなたの親や、子どもがいれば子どもとも、ずっと継続してほしい考え方です。

繰り返しますが、人生には、唯一の正解はありません。3択問題でも、4択問題でもないのです。

「無限のベクトル合わせ」のことを、仕事、結婚、子育てと呼ぶ。

そのような感覚が大切だと思います。

これまで数十年もの仕事人生で、ありとあらゆるベクトル合わせをしてきたあなたならば、「家族」における「無限のベクトル合わせ」もきっとできるはずです。

「アール・ド・ヴィーヴル」を日常に活かす

芸術的生活術という信条

人生とは無限のベクトル合わせである。そう言っても、過言ではないでしょう。本章に続けて、フランス人の生活信条をヒントに「成熟社会における家族」について、述べてみたいと思います。

フランス人の生活の基盤に「アール・ド・ヴィーヴル」という考え方があります。彼らの生活習慣に深く根ざすものであり、哲学だとも言えるでしょう。「l'art de vivre (s)」と書きます。英語では、「the art of life」。私は「芸術的生活術」と訳しています。ちょっと雲をつかむような言葉です。生活術が芸術的とは、これ如何に？

ヒントは、フランス人のこんな思考法です。

「他人のことは分からない。なぜなら、別の人間なのだから」

夫婦であっても、親子であっても、恋人であっても、です。

これが決して絶望とならないのが、フランス人のフランス人たるゆえんなんです。絶望どころか、まったくその逆。

「分からないから、ともに何かを生み出したい」

「分かり合えないから、常にクリエイティブなものを創造したい」

しょせん、分かり合えない目の前の相手と、あえて、自分はイマジネーション豊かに、何か創り出したい、生み出したい。ゼロから何かを発見したい。

そんな生活信条が、「アール・ド・ヴィーヴル」と呼ばれるものなんです。

こんな言い方をする、若いフランス人にも会いました。

「それはシンデレラのカボチャを馬車に変える、ちょっとした意識なんだ」

たとえば朝。電車を一本見送って、ゆっくり会社に行ってみる。帰り道は、ひと駅手前で降りて、じっくり歩いて帰宅する。すると、ちょっとした発見がある。建物一つ、並木道一つから時の経過が感じられ、自分のイニシアティブで時間がつくられていく。ひいては、日々の生活が彩り豊かになるということ。

日常という舞台を演じきる

私はパリで、1年4カ月ほど暮らしました。日本で生まれた長男を連れてロンドンに住み、そこで次男が生まれ、それからパリへ。パリでは長女が生まれました。

フランス人の家庭に夫婦で招かれ、20時ぐらいから延々と夕食が続くといったスタイルにも慣れ始めた頃、「これはただものじゃない！」といったワインでもてなされたことがあります。

「素晴らしいワインですねえ……、味も香りも絶品ですね」

いったいどこのシャトーの……と、こちらが目を見張っても、

「いやいや、これは家族用ですよ。夫婦で2～3日かけて飲むものを一緒に楽しんで

もらえればと」

と、いたってシンプルで、いちいち蘊蓄《うんちく》をたれないんです。これこそが彼らの「日常を心ゆくまで豊かに楽しむ覚悟」であり、馥郁《ふくいく》としたワインの味わいとともに教えられた瞬間でした。ワインは主役ではなく、あくまで手段であり、主役は私たちの時間なんだ、と。

人生を豊かに彩るために、一つひとつの手段を使いこなすこと。日常には、偶然の発見や新たな出逢いなど、ありとあらゆる可能性があります。それらを最大限に活かして、小さな感動を与え合うこと。

その信条こそ、「アール・ド・ヴィーヴル」です。

ふと、思うのは、彼らは人生を「一篇の映画」、もしくは不断の「一幕一場の芝居」のように考えて、それぞれ主役、脇役を演じているのではないかと。

映画も、芝居も、演じ方次第で可能性は無限です。だからこそ、大切な人との関係において、倦《う》まず飽きずに新たな創造性のあり方を求め続けているのでしょう。生を享《う》けてから死を迎えるまで、人は、他者と完全に分かり合えることはない。そんな絶対的な孤独感から開花する、無限のベクトル合わせを奨励する哲学です。

さあ、これからの30年。あなたは大事な家族やパートナーと、どんな役柄にチャレンジしていきますか。

第4章

死——死に方を決める「連峰型エネルギーカーブ」

4-1 「組織の死」は人生のヒント

「マンガの神様」との出逢い

リクルートに勤めていた頃、手塚治虫先生と仕事をご一緒したことがあります。『鉄腕アトム』や『ブラック・ジャック』などの傑作を数多く遺された「マンガの神様」、手塚治虫先生。初めてお目にかかったのは、1984年のことでした。

当時私は、大阪に赴任して営業課長としてハウジング情報誌の立ち上げを担当したのち、広報課長兼調査課長として東京本社に戻っていました。翌85年は、リクルートの創業25周年に当たり、会社の社名変更と調査を担う部門が独立することが決まっていたのに加え、いくつもの大きなプロジェクトが計画されていました。そのプロジェクトの一つを任せられることになったのです。私は考えました。

「今までのリクルートの企業イメージを一新したい……」

そのためには、子どもから大人まで楽しめる「映画」を創るのが有効なのではないか。

それも、子どもから大人まで誰でも知っているビッグネームの方の作品がいい。

そのように考え、ご相談に伺ったのが、手塚治虫先生だったのです。


初めてお会いした日のことです。映画製作についての私のプレゼンテーションを静かに聞いてくださった手塚先生は、こうおっしゃいました。

「実は一つだけ、人生でどうしてもやらなければならないと思っている仕事があるんです。その作品のアニメーション映画が完成したら、私はもう死んでもいいとさえ思っています」


穏やかな、しかし、きっぱりとした口調でした。

それは、ゲーテの『ファウスト』という戯曲をもとにしたアニメーション映画でした。

手塚先生は中学時代に『ファウスト』を読み、漫画家としてデビューしたての頃にもこの作品の漫画化に挑まれています。晩年に当たる1987年には『ネオ・ファウスト』という新しい作品の連載も始め、病でお亡くなりになる最期の日まで、そのネームを病院のベッドで描かれていたくらいです。それほどまでに『ファウスト』は重要な作品であり、そのアニメーション映画を創ることが手塚先生の悲願だったのです。

「ぜひ、そのアニメーション映画製作を、リクルートにお手伝いさせてください」

私はその場で即、申し出ました。手塚先生の渾身の作品をリクルートのバックアップのもとに創り上げることができれば、それは会社のブランドにとっても計り知れないほどの価値があると考えたのです。

「死んでもいい」という言葉の重さ

社内で企画を提案すると、すぐにゴーサインが出ました。84年11月からシナリオ制作が始まり、手塚先生には何度も会社を訪ねていただいて、シナリオづくりを進めていきました。無我夢中でした。マンガの神様と仕事をしている喜びで知らず知らずに舞い上がってもいました。しかし、事態の暗転も静かに進んでいたのです。

第一稿が完成し、第二稿の執筆が進んでいたときのことです。

「手塚先生が入院された――」

予想もしない報せでした。さらにタイミングが悪いことに、その頃リクルートも業績不振に陥ってしまったのです。結局、この2つの事象が重なったことで、手塚先生と進めていたプロジェクトは中断せざるを得なくなってしまいました。

先生の退院後、正式にお断りの話をしに伺ったのは、85年の初めのことです。

私は、自分にプロジェクトを最後まで遂行する力がなかったことに、喩えようもない情けなさを感じていました。何より、少年の頃から『ファウスト』のアニメ化について構想を膨らませてきた手塚先生の夢を潰してしまったこと――自分自身、とうていそれを許すことができませんでした。お詫びの席で、私は頭を下げ続けました。手塚先生の目を見ることができなかったのです。

手塚先生は、静かにこう言いました。

「藤原さん、よく分かりました。しょうがないじゃあないですか。でも、私とあなたの会社との縁はあなたがつくってくださった。どうかその縁を切らないでくださいね。私はどうしても『ファウスト』のアニメを創りたい。だから、また誰かパートナーを探します。必ず創ります。私が死んだときには、その1本のフィルムだけ、お棺に入れてもらえればいいんです。藤原さん、作品ができあがったら、必ず一番初めに観に来てくださいね」

身を固くして下を向いたまま、私は止めどなく流れる涙をどうすることもできませんでした。

私がのちにメニエール病を患ったとき、何度も反芻したのがこのときの言葉です。「この作品のアニメーション映画が完成したら、私はもう死んでもいいんです」

手塚先生の言葉が道しるべとなり、私に問いが生まれました。

はたして今取り組んでいる仕事は、自分がどうしてもやりたいものだろうか？　「絶対にやり遂げる」という強い情念はあるだろうか？

それさえ遂行できれば「死んでもいい」。そう思えるような目標があるだろうか？……残念ながら、今の自分にはない。そう思うしかありませんでした。

しかし、これからの人生の中で、それは必ず見つけなければならないとも感じました。

死ぬときに後悔しないためにも、「死んでもやり遂げたいこと」を探求していこう、と。

そのときから、「自分の人生を取り戻す冒険」が始まったのだと思います。


読者の皆さんも、目を閉じて考えてみてください。

あなたには今、それが叶うなら「もう死んでもいい」と思えるほどの目標がありますか？

そのことについて考えを深めていただくために、本章では、「死に方」について考えていきます。

ただし、「死」というテーマを語ることに究極的な難しさがあるのは言うまでもありません。

なぜなら、この世に生きる人は一人の例外もなく「死」を迎えますが、すでに死んだ人に「死」という現象がどういうものであったかを訊くことは決してできないからです。当然ですね。生きている人間には、「死」を本当に知ることはできません。世界にあるさまざまな宗教も、死が内包する本質的で解明不可能な謎を「どうにか理解したい」と願った人々によって生み出されたとも言えるでしょう。

しかも、「死ぬこと」は「生きること」と同様、「こう死ぬのが正しい」という正解はありません。ですから、「死」という「わけの分からないもの」を前にしたとき、人は自分自身の「納得解」をつくっていくしかないのです。「正解」は得られなくとも、一人ひとりが個別の「納得解」を持つことはできる。

それが、死への向き合い方として、最善の方法ではないかと私は考えています。

「ピーターの法則」が教える組織の死

「死」には、「生物学的に機能を停止する」という意味と、「社会的に活動を終える」という、2つの側面があります。

「死」を考える上で、組織で長年働いてきた皆さんが想像しやすいのは、後者の「死」ではないでしょうか。ですから、まずそこから始めていきたいと思います。

「ピーターの法則」と呼ばれる、組織に関する法則をご存じでしょうか。

ひと言で言えば、「あらゆる組織は無能化する」というものです。なぜかというと、時が経つにつれて、階層社会のすべてのポストは、その責任をまっとうすることができない従業員によって占められるようになる傾向があるからです。

どういうことでしょうか？

ほとんどの会社組織は「階層」構造になっています。その構造を絵に描き表すと「はしご」のようにも見えるので、「組織のラダー」とも呼ばれています。

会社組織に新卒で入った人のほとんどは、平社員からキャリアをスタートします。

読者の皆さんもきっとそうだったことでしょう。一つの部署で数年間仕事を続けたあとで、他の部署へ異動を命じられることもあります。そうしていくつかの異動を経験し、ある程度会社全体の仕事を覚え、実績が認められると、主任に昇進します。

主任になってからも部署の異動はありますし、さらに出世して係長になったり、転勤を経験する人も。課長になって、そこで昇進が止まる人もいれば、課長から次長、次長から部長、局長となってどんどん昇格していく人もいます。

組織のヒエラルキー

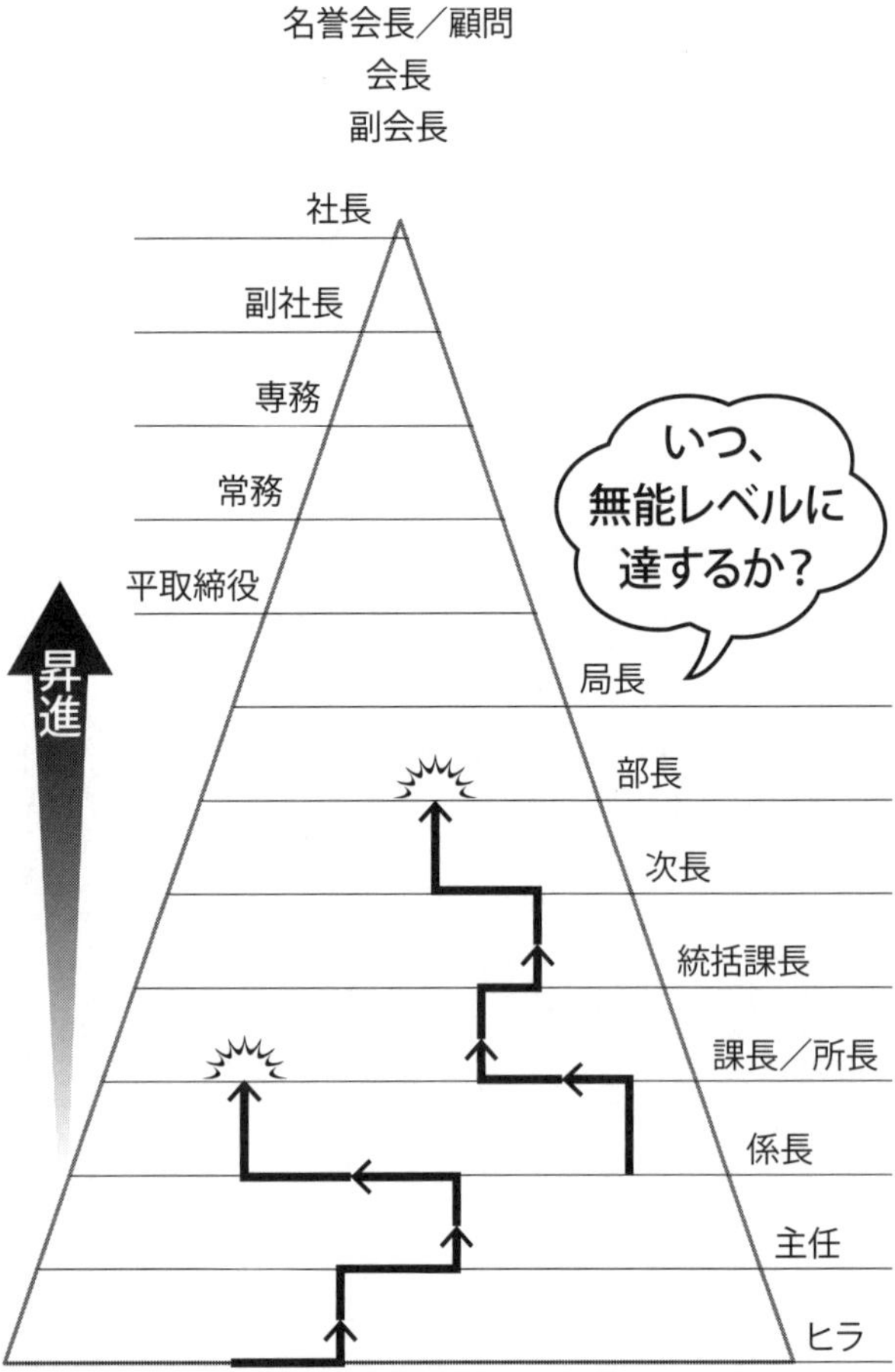
名誉会長／顧問
会長
副会長
社長
副社長
専務
常務
平取締役
局長
部長
次長
統括課長
課長／所長
係長
主任
ヒラ
昇進
いつ、
無能レベルに
達するか？

しかし、会社組織の階級は無限ではないので、必ずどこかの時点で止まってしまうのです。

「ピーターの法則」では、このキャリア上昇が止まる点について、「その人が昇進した階層において『無能』と見なされた時点」と指摘します。

どういう意味か、詳しく説明しましょう。

たとえば優秀な営業マンが主任に、あるいは優秀な主任が課長に昇進したとします。ところが管理職として昇進した途端に、ダメになってしまう人たちがいます。それまで「人柄」を武器に商品を売っていた人や、販売の第一線である「現場」にいたからこそ力を発揮できた人が、昇進したことで仕事の環境が変わり、成果が出せなくなってしまう。また管理職に求められる「マネジメント」や「リーダーシップ」などの能力も備わっていない場合がある。そのため、昇進が契機となって「無能」をさらけ出してしまうのです。

主任や課長レベルの昇進を生き残った人々も、同じ運命をたどります。統括課長、次長、部長、局長、平取、常務、専務、副社長と、昇進するにつれて求められる能力は高くなります。いずれある時点で、求められる能力に追いつかなくなってしまうのです。

ゆえに「各層のポストは、自分の限界に達してしまった人たちだらけ」という結果が生じる。ほとんどの階層が「無能レベル」に達した管理職で埋め尽くされてしまうわけです。

これが、「組織は無能化する」という「ピーターの法則」です。階層組織が昇進を原動力にして従業員の動機付けを行う限り、会社や官僚組織のすべてに「ピーターの法則」は当てはまります。そうして個人が本来持つ能力は十分に発揮されずに埋没し、組織は沈滞していくのです。

死に方とは生き方なり

「ピーターの法則」が示す会社の光景は、生物がある時点で成長を止めて老化し、「死」へ向かっていく姿と似ています。その組織に所属するサラリーマンたちも、緩やかに「社会的な死」の方向へ進んでいると言っても過言ではないでしょう。

それでは、この「死」を防ぐ方法はあるのでしょうか?

実は、「ピーターの法則」を提唱した南カリフォルニア大学の教育学者、ローレンス・

J・ピーター博士は、その対処法も書き遺しています。『ピーターの法則――創造的無能のすすめ』（ダイヤモンド社）という本の中で、組織の中で「無能レベル」に陥らないためには、「創造的無能を演出すること」が有効であるとアドバイスしているのです。本のタイトルの通りですね。

具体的に言えば、「適度な自分についての『疑惑』を組織の中で醸成し、自分が無能レベルに達する前に昇進を避け、昇進を断って、自分を有能レベルに留める」という方法です。自分にとって十分に力を発揮できるポジションを維持し、それ以上昇進しない、、、よう、組織の中で定位置に留まることを勧めるわけです。

ピーター博士は、具体策も提示してくれています。「職場で共同の結婚祝いを出すのを断る」、「職場公認のコーヒータイムにコーヒーを飲まない」、「同僚が外食するときに自分だけは弁当を食べる」などなど。博士は言います。

「非社交的な奇行を組み合わせて用いることは、昇進の芽を未然に摘み取るのに、ちょうど適量の疑惑と不信を醸成するのに効果がある」

要するに、変わり者になれ、ということ。

サラリーマンにとって昇進は何よりのご褒美、それを自ら忌避するなんてとんでもない、と考える人もきっとおられるでしょう。しかしここで大事なのは、「社会的な死」を前にして、自分の意思によって、自らの「死に方」を決めるという態度です。この態度は、第3章でご紹介した「ベクトル合わせ」にもつながります。自分の組織における「死に方」を決めるということは、「組織と個人の新しい関係」を創ることでもあるからです。

そうです、「死に方」とは実は、「生き方」に他ならないのです。

まあるい昇進体系をつくる

以上は、個人の立場で「創造的無能を演出」することにより、組織の中での「死に方＝生き方」を決めるという方法。自ら昇進を止めることによって、「自分の無能化」を防ぐわけですが、この「創造的無能の演出」以外にも、無能化を防ぐ方法は存在します。

それは、私が個人的に「まあるい昇進体系」と呼んでいるキャリアのあり方です。

簡単に言えば、現場からキャリアを始めて、管理職を経て、さまざまな経験をしたのちに、ぐるっと回って再び現場に戻るという「円環型の昇進体系」のこと。

たとえば会社の中で20年かけて社長になった人が、トップに4〜8年在職した後に、また20年かけて自ら降格することで、最後は現場に戻る。そんなキャリアのあり方が、最も理想的な「まあるい昇進体系」になります。

人の成長にもこれは通じています。赤ん坊は親の世話を受けて成長し、少年になり、青年期、壮年期、向老期を経て老人となります。老人は「老人力」を発揮しながら子どものように人生を楽しみますが、最後は寝たきりの赤ん坊のような姿となって、一生を終えます。ほら、円環型ですよね。

組織の中でも、権力の座にいつまでもすがりつかずに、キャリアを昇りつめた後は爽やかに階段を下りて、取締役、部長、課長、イチ現場担当へと下っていけばいいのです。私には、そのほうがよっぽどカッコ良く思えます。

学校という組織で言えば、校長先生が、教職生活の最後の数年間でもう一度現場のイチ教師に戻り、教壇に立つのがそれに当たります。今の学校制度では、校長という役職が「上がり」です。校長以上のキャリアは自治体に一人しかいない教育長しかないため、校長先生はその先に行く場所がない。それゆえに、校長職にある多く人たちは守りに入り、チャレンジしなくなってしまうのです。

それを「まあるい昇進体系」に当てはめれば、どうなるでしょう。

たとえば最後の3年間、中学であれば1、2、3年生と連続して担任を持って、3年生の卒業式が「自分の先生としての卒業式」でもあるような仕組みをつくる。そうすれば、教師人生として素晴らしい最後を迎えられるのではないでしょうか。そのほうが、学校組織もより活性化するのではないかと思うのです。

「死に方」を決める必要性

私の場合は前述の通り、メニエール病という厄介な病気が救いになりました。リクルートで部長職に就いた、30歳のときです。

「体力がモノを言う昇進レースには、もう参戦できないな」

そう自覚し、それ以上の昇進を諦めたのです。

「病を抱えたまま競争を続けたら、たぶん死んでしまうだろう」とも思いました。

そこでラインの部長から離れて専門職に振り替えてもらい、30歳から10年間は、給料の額面も固定されていました。

その時期に海外に出たのも先述の通りです。海外から日本に戻ってからは、リクルートという会社の外に出ることにしました。といっても完全にリクルートと離れてしまうのではなく、個人として会社組織と契約を結び、協力しながら働く「フェロー」という立場を、会社に提案して承認してもらったのです。

それは組織に寄生するのではなく、組織と個人で対等な関係を結び、新規事業などについてベクトル合わせをしていきたい、という私の意思に基づいていました。

組織の中で「出世コースの階段を上っていく」ことは、得た高さに比した権力や金銭的保証を意味します。一方で「フェロー」という働き方には、昇進という概念がありません。その代わりに、自分で何をするか決められる自由な時間と、仕事の成果に応じた報酬が得られます。仕事をサボって成果を出せなければ、当然報酬は得られませんが、逆にサラリーマンとして働くより、大きな果実を手にする可能性もある。

普通、サラリーマンが欲する「権力」と「保証」を捨て、「自由な時間」と「時価評価」

を取る。それが「フェロー」への移行であり、私の場合は自分で決めた、組織における「死に方」でした。

組織における「死に方」をイメージしてもらえたでしょうか？
仕事を例に「死に方」を決める必要性を感じてもらったところで、いよいよ人生における「死に方」という本題に入っていきたいと思います。

4-2 「エネルギーカーブ」は連峰型に

コンプレックスとは「谷の深さ」

まず、やっていただきたいことがあります。

それは「人生のエネルギーカーブ」を描くこと。

一枚の紙を横長において、まず、大きな升のような線を引きます。左右いっぱいに縦の線を2本、下部に升の底に当たる横線というように、です。そして、この升の左下の角に「生まれる」と書き、右下の角に「死ぬ」と書いてください。

横軸は人生の歩み。そして、縦軸は、そのときどきにおける人生のエネルギー・レベルです。あなたの知力・体力・精神力の総合力だと考えてもらってもいいし、モチベーションのレベルだと捉えてもらってもいいんです。

0歳のスタート地点から、XX歳のゴール地点まで、自分自身がどれぐらいエネルギーを出してきたか、その「山」と「谷」を図にしてもらいたいのです。現在の年齢から終点(死)までの未来については、「どんなエネルギーカーブにしたいのか」をイメージして描いてみてください。

描いてみると分かるのですが、「失敗」「挫折」「病気」といった一見マイナスに思える記憶が、人生の節目の重要なターニングポイントになっていることに気づかれたはずです。

たとえば人生を「一冊の本」や「一本の映画」と見なした場合、味わい深い物語にするためには、「谷の深さ」が大事になってきます。

著名人の伝記やビジネス書を読むときを思い出してください。成功体験と自慢話の連続を読まされることほど、苦痛なものはありませんよね。人生は山と谷の連続です。「谷の深さ」が人生というドラマに奥行きと人間味を与えてくれるのです。

人生においては「コンプレックス」も良い味つけになります。

メニエール病で倒れた30代の頃、私は大きく3つのコンプレックスを持っていました。それは「英語が話せない」、「編集者やジャーナリストのように、社会事象に対する意見を持って仕事をしていない」、「大きなテーマを掲げて働きたいのに、どんなテーマを追究すればいいか分からない」という3つのコンプレックスでした。日本を離れてヨーロッパで数年間暮らそうという決意も、これらのコンプレックスの反動でした。

コンプレックスを克服するためには、自らを客観的に眺めることが必要だ――。

こうしてそれまでのキャリアを捨て、ヨーロッパで成熟社会での生き方を学んだことは、それ以後の私の人生を決定的に変えてくれました。コンプレックスという谷を徹底的に観察したからこそ、その後の人生の「山」が予想もつかない形で生まれていったのです。

谷は深ければ深いほど、それに続く山並みは高くなります。自分自身の谷の深さにぜひ、自信を持ってください。

さあ、あなたはどんなエネルギーカーブを描くでしょうか？

富士山一山型から八ヶ岳連峰型へ

前節では、あなたのエネルギーカーブを紙に書いてもらいましたね。では、次に進みましょう。

実は、エネルギーカーブは「一つの山」だけで十分とは言えないのです。それは近代から現代にかけて、私たちの寿命が大きく延びたことが原因です。

次のページの図をご覧ください。

これは、「明治時代」「昭和・平成」「私たちの時代」における人生のライフサイクルに

3世代の「人生のエネルギーカーブ」の違い

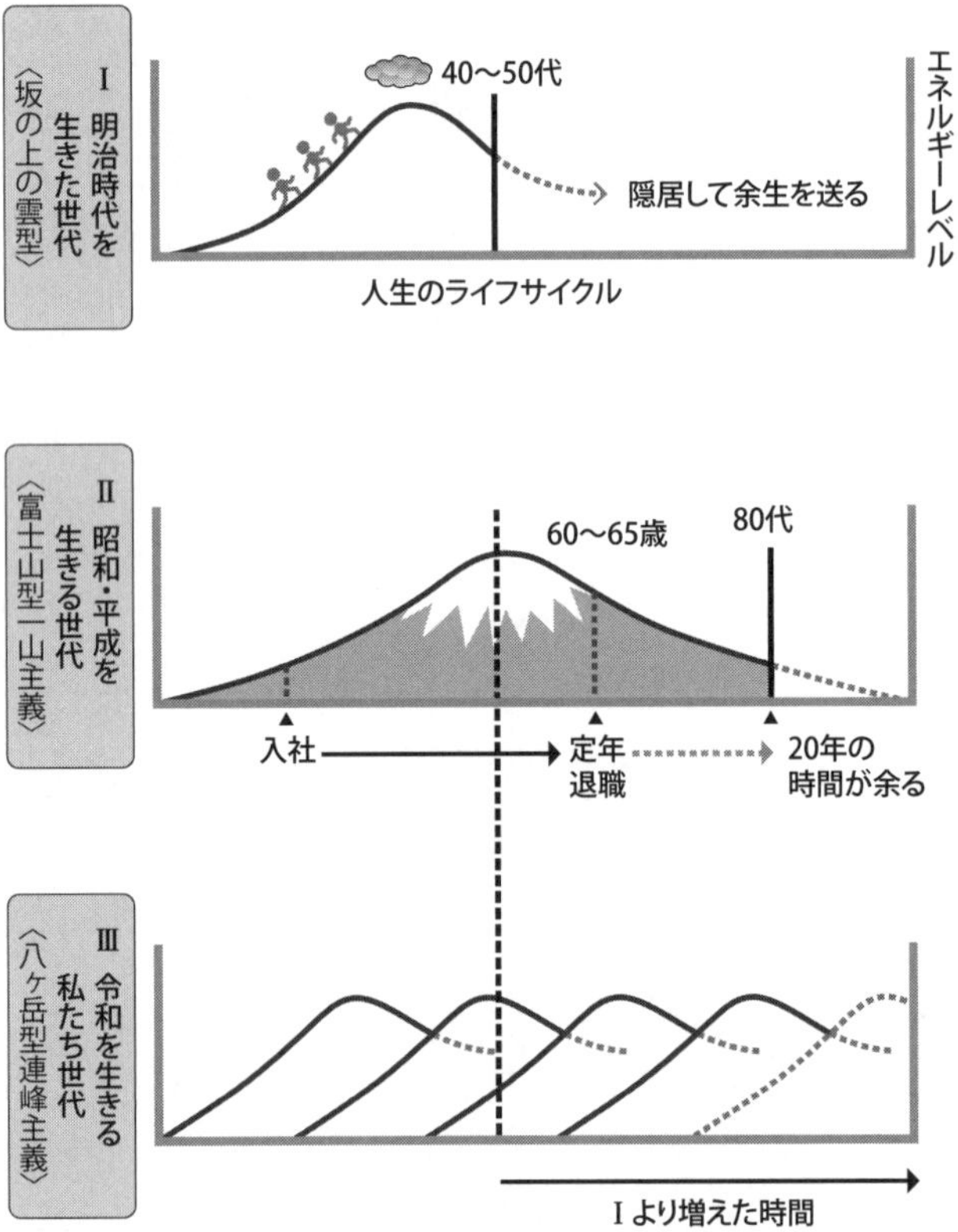

この100年で人生の長さが倍になった!

ついて、3種類に分けて描いた図です。

明治から大正時代にかけて日本人の平均寿命は、43歳前後でした。当時の平均寿命の短さは乳幼児死亡率が高かったことも一つの要因ですが、50歳を超えたら「隠居して社会の一線から退く」のが通例だったのです。子ども時代をゆったり過ごし、大人になれば、兵役を果たしたり家業を継いだりして一所懸命働き、隠居の時期を迎えたならば、余生は趣味の時間を大事にしながらいずれ死に至る。それが一般的なあり方でした。これを司馬遼太郎の有名な歴史小説になぞらえて「坂の上の雲型人生」と呼んでいます。

ちなみに、夏目漱石も、『坂の上の雲』の主人公の一人、秋山真之（元連合艦隊参謀）も49歳で亡くなっています。

「昭和・平成」期を見てみましょう。太平洋戦争の敗戦後、長らく続いた昭和・平成を生き抜いた世代は、平均寿命が80歳前後に延びたことで、60歳の定年退職後に20年前後の余生を手にすることになりました。しかし、基本的に人生のエネルギーカーブのピークは、40代から50代にかけて訪れることが一般的です。年収もその頃が最も高く、仕事に家庭に遊びにと、充実した日々が待ち受けていました。私はこの世代を「富士山型一山世代」と呼んでいますが、エネルギーカーブのピークが一つで良かった。それが当たり前だった時代だと言えるでしょう。

ところが、令和に入った現代を生きる私たちは、そうはいきません。

私たちの世代の「老後」は、前の世代の人々が口にしていた「老後」とはまったく状況が異なるからです。ガンなどの難病にも良い治療法が開発され、人々の健康意識も高まったおかげで、平均寿命は80歳から100歳近くにまで延びようとしています。

前の世代に比べて、あまりにも余生が「長い」。すると、余生が余生ではなくなります。定年後の人生を現役時代と変わらず人生の「本番」として生きていく必要が出てくるのです。

「坂の上の雲世代」と「昭和・平成を生きた世代」までは、人生のエネルギーカーブが「一山」で済みました。富士山型一山主義の人生観で良かったのです。

それに比べて「令和」を生きる私たち世代は、エネルギーカーブのピークがいくつも連続する、いわば「八ヶ岳型連峰主義」でなければ充実した一生を過ごせない事態になりました。寿命が延びたのは喜ばしいことではあるのですが、人生が90年から100年を超えるのが当たり前となる時代には、新しい生き方が求められます。

以上のことを踏まえて、先ほど描いたエネルギーカーブを見直してみてください。富士山型の、一つしかピークを描かなかった方には、その山をぜひ、いくつもの線が連続する「八ヶ岳連峰型」のエネルギーカーブへと変えてもらいたいのです。

この100年で、人生の長さは倍になりました。一つの山だけではその長い人生を充実させるにはとうてい足りません。これからの時代を生きる人は、いくつもの山と谷が交互に訪れる、連峰型エネルギーカーブの人生を生きることが普通になるはずです。あなたが今60歳だったとしても、この先の人生は30年から40年もあるのですから。「ピーク」はまだまだ、あなたの生き方次第でつくれるのです。

「死」を意識することで生まれるもの

人生とは、ひと言で言って何でしょうか。

抽象的な質問のように感じられると思いますが、次のように具体的に考えてみましょう。

普通の人が1日7時間寝るとして、90～100年生きたとします。その場合、起きている時間をすべて合算すると、「56万～62万時間」となります。つまり人生とは、「あなたが起きていた約60万時間をどう過ごしたか？」なのです。

その間には、きっとさまざまな山や谷が生まれていることでしょう。人生のエネルギーカーブを描くことは、それを可視化、〝見える化〟してくれます。

さらに大切なことがあります。エネルギーカーブを描くことで、私たちは「死」を意識することができるようになります。

「死」を意識するのは、誰にとっても勇気が要ることです。自分のエネルギーカーブを描いてみたとき、結末の「死」を見て、暗い気持ちになった方もいるかもしれません。当然です。ですが、「人生は有限」であることをハッキリ自覚することで、かえって強まる意識がある。

それが、「今、ここ」を大事にする気持ちです。

日本には「一期一会」という言葉があります。まさしくこれは、「今、ここ」を大事にする智慧。もとは茶道の心得として千利休によって伝えられてきましたが、哲学や禅の思想としてだけではなく、ビジネス界でも重宝されてきました。

「今日、この場で会っている人とは、もう二度と会えないかもしれない」

そう考えることで、「今この瞬間の関係をもっと大事にしよう」という気持ちが生まれ、「今ここにいる目の前の人と、何かを生み出そう」「この出逢いに自分の魂の痕跡を残そう」というモチベーションにつながる。

つまり、人生の終わりに必ず訪れる「死」を意識することが、「生」を色鮮やかにデザインすることにつながるわけです。

前章までを、ここでいったん振り返ってみましょう。

第1章では、「三点魔法陣」という希少性の掛け算についてお話ししました。情報処理力と情報編集力の違いも説明しました。そして、あなただけの魔法陣を描く方法を伝授しました。

第2章では、「報酬マトリクス」とともに、お金で自分の物語を豊かにするやり方を解説しました。これからの時代でますます高まる「信用の重要性」についてもお伝えしました。

第3章では、「ベクトル合わせ」という思考法を紹介し、周囲の人や家族との関係性を創造する方法を解説しました。

本章でお伝えした「連峰型エネルギーカーブ」は、これら3つの技術と密接につながっています。連峰型エネルギーカーブを構成する一つひとつの「山」は、それぞれ約1万時間、すなわち5～10年の継続によって山の形を成すからです。

その際「死」を意識すること、すなわち「死に方」を決めることによって、それらのクオリティは格段に上がります。「今ここ」の積み重ねこそが、あなただけの人生の色合いを強めるからです。

「死」は避けることができません。であるならば、終着点に向かって味わい深く「連峰型エネルギーカーブ」を描いていきましょう。

次節では、その描き方のコツを教えます。

4-3 「コミュニティ」は生命線

本線だけでなく支線をつくる

さっそく、実践に移りましょう。

「連邦型エネルギーカーブ」で人生に大きな山をいくつも描くために必要な土台は、いったい何でしょう。

それはずばり、「裾野の広さ」です。

5年から10年かけてじっくり広げた裾野に、あなたなりの山が生まれるのです。

つまり、本業・本職といった「本線」とは別に、いくつもの「支線」をつくる。その支線が、いずれ山へと成長する可能性を秘めた裾野になるわけです。

では、裾野はどうやってつくるのか。

一番の近道が、本業とは別のコミュニティに参加して、そこで得た知識や人間関係を育てていくことです。自分の興味・関心領域に近く、自分のことをほぼ無条件で受け入れてくれるコミュニティを探すこと。それがコツになります。

コミュニティに受け入れられるか、コミュニティを仲間とともに創り上げていくことで、連峰型エネルギーカーブを生み出す裾野が築かれていきます。

人は、一人では心身ともに健康に生きることができません。仕事を離れた後も、家族と暮らしたり、地域のコミュニティで社会的な役割を担うことによって、「自分が生きていることには意味がある」という自己肯定感を保つことができる。人間とは本来、社会的な動物なのです。その社会的な生き物が活動できる場が「コミュニティ」であり、それが「あるか、ないか」は生命線だと言っても過言ではありません。

かつての日本では、血縁や地縁による地域社会がコミュニティの中心となっていました。ところが現代社会では、核家族化や少子化によって、古くからあるコミュニティが消滅の危機にあります。都市部を中心に「一人世帯」も増えており、家族がいても一緒には暮らさず、親と子、祖父母がばらばらで生活していることも普通になりました。このような成熟社会では、「みんな一緒」から「それぞれ一人ひとり」へと、個人がバラバラになっていく現象が起きるのは先述の通りです。

「それぞれ一人ひとり」で生じた孤独や不安から救われたいと、人々はＬＩＮＥやフェイスブックなどのデジタルツールでつながろうと躍起になっています。しかし、思い出してみてください。ＳＮＳがなかった時代は、それほどまで四六時中、他人とつながっていたわけではありませんでした。

いくらＳＮＳの世界で友人を増やしても、人と人の絆は根底からは強まりません。どれだけデジタルツールでつながっても、寂しさの根っこは癒えはしないのです。実際に顔を合わせて言葉を交わすのはもちろん、表情だけでも気持ちが分かるような人がいることで、人は互いに安心することができる。

だからこそ、同じ興味・関心の領域で自分を受け入れてくれるコミュニティに属することが、60歳からの人生には必須になるわけです。

個人を守る中間集団

戦後の日本は高度経済成長の波に乗ったことで、急速に復興しました。

そのとき旧来の地縁血縁の代わりに、多くの人が濃密な関係性を保つコミュニティとなったのが、「会社」です。

終身雇用を前提として従業員を雇う企業は、そこで働く人々にとって、「自分を受け入れてくれるコミュニティ」に他なりませんでした。欧米人から「ワーカホリック」と驚かれた日本人の勤勉さも、会社を「自己の所属集団」と見なして大事にする日本人の心性が背景にあった。戦後日本社会では成長を続ける会社が多く存在したからこそ、地域社会が後退し、家族がバラバラになっても社会の秩序が一定に保たれていたと言っても過言ではないでしょう。

しかし、成長社会から成熟社会への変化とともに、「会社」のコミュニティとしてのあり方も大きく変化しています。終身雇用はもはや過去の話となり、企業と従業員がより欧米型の契約関係へと移行しているのは、先述の通りです。あなたにとっても、長年働いてきた会社の空気が、ここ20年ほどで変わってしまったことに気づかれているのではないでしょうか。

だからこそ、会社を離れたあとの居場所となるコミュニティを確保することが、あと数十年続く人生にとっての死活問題となるのです。

所属するコミュニティは、あなたの会社員時代の肩書きや役職よりも、本来のあなた自身のキャラクターで勝負できる場所がいいでしょう。企業戦士時代に必要だった上昇志向を無理に発揮しなくてもよく、一方で、学校のようには同調圧力が強くない場所がいい。

しかし、人々が集って単に世間話をするだけといったようなコミュニティは、最初は楽しいかもしれませんが、いずれ飽きてきます。何かしらの目標を共有し、そのために一緒に努力できるような場が最善です。その過程で「あなたならできる!」と仲間から推しを受けたり、逆に仲間を励ましたりすることが、コミュニティの人間関係を深めていきます。

家族がバラバラとなり、会社組織にも守られていない個人は、そのような中間集団に属することで、後半の人生における自信や勇気を持つことができるのです。

「1万時間の法則」は裏切らない

裾野もできた、コミュニティも見つけた、というあなた。では、そのコミュニティを育てるには、何が肝心でしょうか。

ひと言で言えば、「時間をかける」ことです。

本書の第1章に書きましたが、あらゆる物事の上達には「1万時間の法則」という共通手段があります。スポーツでも楽器でも仕事でもジャンルを問わず、誰でも「1万時間かければ一人前になれる」という法則です。コミュニティづくりにおいても、自分が関心を持つ領域のことにお金とエネルギーを投資するばかりでなく、自分の時間も捧げるのです。この法則は、あなたを裏切ることはありません。

約1万時間、つまり約5~10年で、誰でも裾野を山の姿にすることが可能です。

連峰型エネルギーカーブにおける「山の高さ」とは、個人がコミュニティで育んだコミュニケーションの総量であり、「山の豊かさ（植生や緑の豊かさ）」は、育んできたコミュニケーションの質ということになります。

もう一度、繰り返しますね。

人生の後半戦の豊かさは「コミュニティ」の豊かさで決まる、というのが私の考えです。コミュニティづくりにはある程度のお金やエネルギーが必要なことは確かです。しかし40代、50代のうちに、将来のコミュニティづくりのために〝投資〟しておけば、きっとそれは大きな〝リターン〟をもたらしてくれることでしょう。

目に見えない財産にもつながります。私は最近、「人間の品格」について考えることが多いのですが、社会的に成功者と見られていたり、お金をたくさん持っていても「品格がない」と感じる人がチラホラ見受けられます。悲しい哉、「人間の品格」とは、利害関係に基づく会社組織の中ではなかなか育むことができないようです。

その点、コミュニティは異なります。趣味や関心に基づくコミュニティには、上下関係が存在しません。それゆえ誰も権力を行使できず、利害も絡まないため、「人間力」そのものが試されていくのです。こうして「人間の品格」も磨かれていきます。

コミュニティを見つけて、そこでの時間の中で焦らず自分を育むこと。そうすることで、人生晩年の味わいは、必ずやあなたが求める質に達するでしょう。

「本線・支線」と「連峰型エネルギーカーブ」の関係

複数の「コミュニティ」での生活の事例として、私自身の「連峰型エネルギーカーブ」をもう一度簡単に反復してみます。

まず、リクルートでの18年間の社員生活と、その後のフェロー時代があります。そして、47歳で和田中学校の校長となり、5年間の任期を終えたときから「教育改革実践家」を名乗っています。さらに奈良の一条高校の校長となりました。中学校の校長と高校の校長を経験してから、65歳になってオンライン寺子屋「朝礼だけの学校」を創り、今はその校長を務めています。

第1章で紹介したように、まず自分のキャリアで大きな三点魔法陣をつくり、「100万人に1人」のレアな存在になるよう努力した後、「教育改革実践家」を旗印としてその底面を立体化することによって、魔法陣の「ピラミッド化」を実現したのです。これが私の「本線」です。

それ以外にも、「山」があります。45歳のときに自分の家を建てまして、そのときに家の設計を通じて「ネオ・ジャパネスク」なデザインに目覚めました。そこから、デザインワークへの関心が高まり、時計デザイナーの方々との交流を続けた結果、自分自身のプロデュースによる腕時計ブランド「japan」や「arita」の開発につながりました。今ではデザインワークは腕時計だけに限らず、ハードシェル型リュック「大人のランドセル EMU」や、1台400万円のかき氷機「himuro」など、さまざまなプロダクト開発につながっています。

52歳からはまったく未経験ながら、テニスを始めました。妻とともに始めて、もう10年以上も続いています。テニスをすることで健康になったのはもちろんのこと、新しい人間関係の財産をたくさん得ることができました。

2011年の東日本大震災後には、支援活動を始めました。石巻市の雄勝《おがつ》というエリアを集中的に支援してきました。これも、妻と一緒に続けています。夫婦で同じ目標を持ち、共通の「裾野」を有していることの意義は、第3章の「家族という無限のベクトル合わせ」

でもお伝えした通りです。

被災地への支援の延長で、60歳からラオスに学校を建てる事業を始めています。発展途上にあるラオスでは教育に国家予算が十分にかけられず、掘っ立て小屋のような校舎で授業を行っている学校が多数あります。そうした校舎も、日本円にしてだいたい250万〜750万円ぐらいのお金があれば、立派な建物に建て替えられるのです。日本でそのための資金を募り、これまでに13校をさまざまな人とのコラボでつくり上げてきました。竣工式で現地に足を運び、子どもたちの輝く笑顔を見るのは何よりの喜びです。

こうした自分の試みを鳥瞰してみると、「本線」と「支線」に分類することができます。本線、支線を図に描けば、「連峰型エネルギーカーブ」の山並みになるわけです。

人生とは、60万時間の時間をいったいどのように使うか――。

あなたもぜひそんな発想で、どんな「本線」を持ち、どんな「支線」を走らせて山並みを豊かにするかについて、考えてみてください。

藤原和博自身の「連峰型エネルギーカーブ」

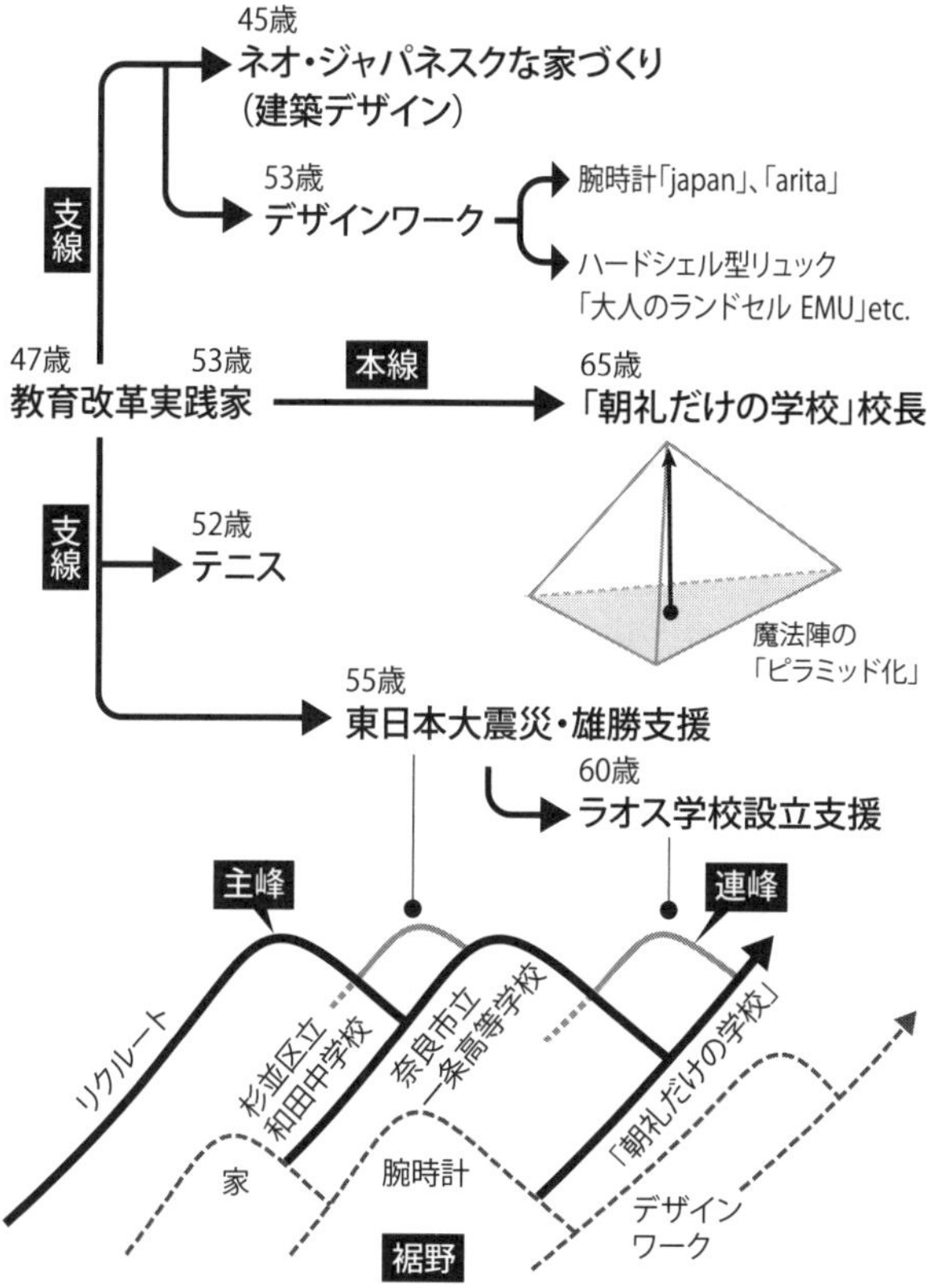
45歳
ネオ・ジャパネスクな家づくり
（建築デザイン）
53歳
デザインワーク
腕時計「japan」、「arita」
ハードシェル型リュック
「大人のランドセル EMU」etc.
支線
47歳
53歳
教育改革実践家
本線
65歳
「朝礼だけの学校」校長
支線
52歳
テニス
魔法陣の
「ピラミッド化」
55歳
東日本大震災・雄勝支援
60歳
ラオス学校設立支援
主峰
連峰
リクルート
杉並区立
和田中学校
奈良市立
一条高等学校
「朝礼だけの学校」
家
腕時計
デザイン
ワーク
裾野

私自身も、最初からここに述べたようなイメージを持って生きてきたわけではありません。さまざまな失敗や成功を繰り返して、事後的に「こういう人生の軌跡を描いてきたんだ！」と気づくことができたのです。「連峰型エネルギーカーブ」は、私のそんな振り返りから生まれた思考法です。

さあ、本章の内容をご理解いただいたところで、改めてお手元の紙の左下に「生まれる」と書いて、右下に「死ぬ」と書いてください。もう一度あなたの「人生」の、エネルギーカーブを描いてみましょう。

「連峰型エネルギーカーブ」は、どこから描き始めていただいても結構です。エネルギーカーブには「完成」がありません。これまで描いてきた「三点魔法陣」「報酬マトリクス」「ベクトル合わせ」を参考に、何度でも「修正」していきましょう。

そして新しいコミュニティに入りたくなったら、さっそく行動に移してみましょう。あなたが描く「連峰型エネルギーカーブ」とは、あなた自身の強い意志と行動力の反映ですから。

芸術家として死にたい

「連峰型エネルギーカーブ」の仕組みを十分にご理解いただいたところで、第2章でご紹介した「報酬マトリクス」の図も、あなたにもう一度描いてもらいたいと思います。

改めて、問います。

あなたは、どんな変遷で、どこへ向かう「報酬マトリクス」を描きたいですか？

私の場合は、社長・サラリーマン型、自営業・プロ型、公務員・NGO・NPO型、そしてオタク・研究者・芸術家型などのさまざまなタイプの仕事をこれまで経験してきました。そして今は、「死ぬときは、芸術家として死にたい」と考えています。ビジネスと教育改革の2つを追求してきた人生ですが、最後は「芸術的に生きて、死にたい」と願っているのです。

私の母方の家系は、日本絵画の狩野派につながります（築地小田原町狩野）。そのせいか、最近になって自分の血の中にも、芸術を希求する狂気が隠されていることを感じるのです。

芸術的に生きるとは、「放課後コラム③」で紹介した「アール・ド・ヴィーヴル」の概念に基づく「他者と物語を紡いでいく生き方」になります。

画家のシャガールは、絵画とは「白いキャンバスに自分の魂の色彩を刻み込んでいくことだ」と言いましたが、私も人生を終える直前の一瞬に、そんな言葉を吐いてみたいな、と。決意ではありませんが、恥ずかしながら吐露しておきます。

「芸術家として死にたい」という願いには、手塚治虫先生からお聞きした、次の言葉も影響しています。

「実は一つだけ、どうしてもやらなければならないと思っている作品があるんです。その作品のアニメーション映画が完成したら、私はもう死んでもいいんです」

私も、自分の魂が欲するものに忠実に生きて、この世界に残してみたい。次の最終章では、そんな私自身のチャレンジも紹介いたします。

第5章

自立貢献——貢献せよ、さらば自立せん

5-1 貢献と自立の関係について

第二の成人としての心構え

「お金」「家族」、そして「死」。

いずれも60歳を「第二の成人」とするにあたり、避けては通れないテーマです。

本書では、それらに真正面から取り組んできました。ここまで読み進めてこられたあなたの手元には「三点魔法陣」「報酬マトリクス」「ベクトル合わせ」「連峰型エネルギーカーブ」といった実践手段がすでに揃っているはずです。

いよいよ、一人ひとりの人生の「未踏の地」へ歩を進める準備が整った、ということになります。

最終章でお伝えするのは、その場所に「旗を立てる」ための心構え。

ひと言で言えば、「自立貢献」です。


「自立」も「貢献」も日常会話によく出てくる一般的な言葉ですが、私はこの2つの単語を組み合わせることで、大きな意味が生まれてくると考えています。

さっそく、説明していきましょう。


突然ですが、赤ん坊だった頃の自分を想像してみてください。

泣いてますか？　泣いてますよねえ。なにしろ生まれたばかりの赤ん坊は言葉を話せませんから。

オシッコやウンチをしてお尻が気持ち悪くなったり、おなかが減ったり……。それでも、理路整然と他人に言葉で訴えることができません。不快になったら、大声で泣く。嬉しかったら、全身で笑う。そうすることで、赤ちゃんは自分の意思を保護者に伝えます。

そして次第に、「声をあげて泣くと、お母さんやお父さんが助けに来てくれる」ことを赤ちゃんは学んでいきます。幼児期に両親や祖父母に大事に育てられることによって、赤ちゃんは「全能感」を自然に抱けるようになるのです。

「全能感」とは、「自分は何でもできる」「世界は自分を中心に回っている」という感覚のことです。

しかし成長するにつれて、その全能感は徐々に目減りしていきます。幼児期の後半から小学校へ入学する頃には、「どうも世の中は自分の思い通りにはならないぞ」ということを理解し始めます。快晴になるはずだった遠足の日が雨になったり、異性にちょっとイジワルをして気を引こうとしても、ちっとも効果がなかったり。

「世界は自分を中心に回っているわけではない」

その事実に、気づき始めるのです。

そして、ある日。ついに、世界と自分が「分離」します。

「自分は全能だ」という思い込みが幻想で、「限界」があることを思い知るわけです。赤ん坊の頃は、親が常に傍らにいてくれたからこそ思い通りになっていたのであって、自分一人では何も満足にできない。その当たり前の事実に気づき、戸惑い、葛藤が生まれ、どうにかしてその状況を打破しようと、もがき始めます。小学校低学年ぐらいの時点で、ほとんどの人がその葛藤を味わいます。

しかし、たまに、そのような葛藤を経験しないまま成人したのではないかと思わざるを得ないような人に出逢うことがあります。周囲の迷惑を顧みず、「世界の中心は自分だ」と思っている人はけっこういるもので、その人の中では幼児時代の「全能感」がいまだに続いているのです。

いわば、自立していないオトナです。

「自分の気持ち至上主義」の蔓延

ここまでヒトの成長過程を振り返りながら、「自立貢献」の糸口を説明してみました。

ここからは、社会の変化に即して考えてみましょう。

『Japan as No.1（ジャパン・アズ・ナンバーワン）』という、アメリカの社会学者エズラ・ヴォーゲルの本が話題になったのは、１９７９年のことです。日本の経済力の強さを分析したこの書は米国と日本で大ベストセラーとなり、「日本がこれからの世界経済を牽引する」というイメージを、両国ならびに世界中に植え付けました。

それから半世紀ほどが経とうとしていますが、その間の社会変化は、人々の価値観の変化も同時にもたらしました。

１９８０年代後半から90年代初頭の「バブル」時代。日本は異常に景気の良い時代でしたよね。土地の値段や株価がうなぎのぼりに上昇し、企業は銀行からどんどんお金を借りて事業を拡大していきました。若者がローンを組んで高級車を購入したり、ブランド物を買い漁ったりするのもめずらしくなかった。円高を背景に海外旅行も増加の一途をたどり、「ジャパンマネー」という言葉が皮肉を込めて使われました。

当時の価値観をひと言で言えば、「消費は美徳」ということ。「お金が徳を決めた」と言っても過言ではありません。日本企業は自社製品を売り続けるために、広告戦略を駆使して人々の消費欲をかきたてました。その結果として蔓延したのが、「自分の気持ち至上主義」と呼ばれるライフスタイルです。

自分が好きなもの、欲しいものならば、他人が何と言おうと気にせず手に入れたい。そのような自分の「欲望」に忠実な生き方を、メディアが率先して奨励したのです。

「自分が一番カワイイ」「自分の気持ちを一番に考える生き方がステキ」「本当の自分に出逢うために自分探しの旅に出よう」。そんなキャッチフレーズが世の中にあふれました。今にして思えばずいぶん幼稚な考え方ですが、多くの日本人が、この風潮に酔いしれた。

その頃の自分が懐かしい人、そしていくぶん照れくさい思い出がある人も少なくないでしょう。

１９８２年には「フロム・エー」という求人誌がリクルートから創刊されました。今から振り返れば、これも象徴的な出来事です。求人をアルバイトや契約社員に特化し、「フリーター」という言葉を生み出した同誌。「会社に就職するより自由な立場のアルバイトのほうが人生を謳歌できる」という当時の空気にうまく乗り、リクルートの媒体の中でも、非常に大きなビジネスに成長しました。

「自分の気持ち至上主義」は、こうして日本社会で確固たる市民権を獲得していきます。

その一方で、「自由」についての解釈は独善的になっていきました。「自分の気持ち至上主義」の延長線上に、結婚や子育てを「自分の自由を制限するもの」と考える男女が出現するのも至極当然のことだったのです。

もう一度、繰り返します。

「自分の気持ち至上主義」は、「自分の気持ちを満たすためには、なんでもしていい」という子どものような感覚です。先述した、幼児の抱く「全能感」とほとんど同じ。つまりバブル期には、「全能感」がずっと続くかのような幼児的な幻想が日本全体に蔓延したのです。

この蔓延によって、日本から失われてしまった大事な観念がある――私はそう考えています。

それは、「自由には責任が伴うこと」、「権利には義務が伴うこと」。大人であれば、なくてはならない「責任」と「義務」の観念です。

個人の自由を主張するならば、必ず同時に「責任」が発生します。

個人の権利を主張するならば、必ず同時に「義務」が発生します。

自由と責任、権利と義務は、コインの表裏の関係にあるのです。

そして責任と義務とは、見方を変えれば、他者に対してどれほど「貢献」しているか、という意味になります。

親に扶養されている子どもであっても、ある程度の年齢に達したら、「衣食住の保証」という自分に与えられた権利を享受する一方で、勉強を頑張ったり、家事を手伝ったりといった「家庭に対する貢献」が求められます。そのことは、世界中どこの国でも、どの時代でも普遍的に変わりません。

私が「自立」と「貢献」という言葉を組み合わせた背景には、この「自由と権利」と「責任と義務」の結びつきがあるのです。

英会話ではなくレゴブロック

この想いを実践させてくれたのが、和田中学校での校長としての経験です。

私が赴任する前の和田中には、教育目標が4つも5つもありました。しかも、その目標をいつ何時でもソラで唱えられる先生はいませんでした。ですから私はそれを、一つにしました。

「自立貢献」です。

この決断の背景には、長男の小学校入学時に体験した、イギリスでの気づきがありました。

家族とともにイギリス・フランスでおよそ2年半暮らしたのは先述の通りです。その間に妻は次男と長女を出産。私は慣れない英語を使いながら、新しい仕事への挑戦を続けていました。しかし、イギリスで人生の困難に向き合っていたのは、私たち夫婦だけではありませんでした。4歳の長男も、現地の学校に入学するという「困難」を前に、一人、戦いに身を投じていたのです。

長男がイギリスでの暮らしに一刻も早く慣れるために必要なこと。私はそれを、「英会話」だと見なしていました。

「英語ができれば、周りの子どもや先生たちと意思疎通ができる」。そう考えた私は、4歳の息子に対して「一刻も早く英語を喋れるようになること」を求めたのです。親元を離れて何時間も過ごす小学校で、周りの子どもが話す言葉がまったく分からないようでは大変だ……と。

私は息子にできる限りのことをしました。入学前に英語の絵本をたくさん買って読み聞かせたり、簡単な英語のフレーズを繰り返し言い聞かせたり。しかし、4歳児が付け焼き刃で英語を学んだところで、話せるようになるわけがありません。息子はそのまま、地元の小学校に入りました。私たち夫婦は心配しながらも、黙って見守るしかありませんでした。

ところが、その心配は杞憂に終わりました。実際に小学校に入った息子は、私たちが思いもよらなかった方法で周囲とコミュニケーションをとりながら、「自分の居場所」を築いていったのです。

それは「英会話」ではなく、「レゴブロック」でした。

初めは息子も、周りの子どもたちの会話がまったく分からず、ストレスを感じていたようです。しかしそのうち、日本で慣れ親しんでいた玩具、レゴブロックを見つけます。2

歳の頃から夢中になって遊んでいたレゴブロック。すでに家や車など、パーツを組み合わせて大きなものも作れるようになっていました。

入学後2カ月ほど経ってから、授業参観日のことです。私たち夫婦が教室に入ると、息子の作ったレゴの飛行機が、教室の後方に大きく飾られていました。クラスの子どもたちも息子を「レゴの達人」と見なしているようで、休み時間になるとニコニコしながら一緒に遊んでいました。大好きで、一番得意な遊び。それが、英会話以上に異国でのコミュニケーションに役立っていたのです。

「おれは、何にも分かっていなかったな……」

言葉を失いながらも、息子が誇らしくなりました。

私は、「英語、英語」と躍起になっていたことを反省するとともに、小学校の担任の先生が、一人ひとりの子どもの「得意なこと」を丁寧に見つけ出してくれていることに感謝しました。

学校で最も大事にされていた教育目標は「インディペンデンス」と「コントリビューシ

ョン」。日本語に訳すと「自立」と「貢献」です。独立心を持っているか、他者に貢献できる何かがあるか。先生たちは一人ひとりの子どもに向き合い、その2つを育てることに注力します。息子の場合は、「レゴブロックで表現できる力」によって、教室の中で「自立」し、他の子どもたちに「貢献」できると見抜いてくれたのです。

一人の小学生のささやかな出来事ですが、この体験で、「なぜ、イギリスに議会制民主主義が生まれたのか」を私は理解できたような気がしました。

自立と貢献は、民主主義の基盤に他なりません。イギリスではその2つの大切さを、小学校に入学したばかりの子どもたちにさえ、しっかりと教えていたのです。のちに日本に帰って自分自身が教育に携わるようになり、このイギリスでの経験がまざまざと思い出されました。「自立貢献」が自身の教育理念の核となったのは、このような理由からです。

こうして私は、和田中の教育目標を「自立貢献」にしました。

さっそく地元の達筆な方に依頼し、墨書してもらいました。そして額装した「自立貢献」の4文字を、全教室の目に入る場所に自分で掲示して歩きました。和田中の改革は、そこからスタートしたのです。

さて、「自立貢献」と聞くと、どんなふうに感じますか？

「自立しなさい。さもなければ貢献できませんよ」

という、「自立を促す」意にとられる人が多いかもしれません。

しかし、私の意図は違います。

「貢献」が先で、「自立」が後。すなわち、「貢献することで、自立できる」ということ。他者に貢献すればするほど、自分自身が自立できる。和田中の卒業式では、毎年生徒たちにそのことを伝えました。

自立とは文字通り、「自分で立つ」ことです。経済的な自立、精神的な自立、社会的な自立。もちろん全部揃うことが望ましいのですが、中学生や高校生では、経済的に自立することは困難です。衣食住の面倒を親に見てもらわざるを得ない時期ですが、それでも中学、高校の時期から「自立の精神」を自分自身で育てていくことは大切なことでしょう。

そのためには何より、貢献すること。難しいことをする必要はありません。たとえば、隣の子が消しゴムを落としたら、拾って渡してあげるのだって立派な貢献です。授業中、先生が話したことについて、率先して質問することも貢献に他なりません。

まずは、自分の隣の人や目の前の一人に貢献する。次にその場にいる複数の人たち、そして自分が所属するコミュニティ……と貢献の範囲を広げていくうちに、「地震があったときには自分たちがお年寄りの安否確認を手伝えないか」、「地域の消防団に協力することができるかもしれない」といった地域社会への貢献までもが視野に入ってきます。

自立貢献の精神が求められるのは、もちろん子どもたちだけではありません。

「貢献せよ、さらば自立せん」

むしろ定年を迎え、新たな人生のスタートを切ったときこそ、この精神に向き合う必要があると私は考えています。

5-2 学校づくりに参加するということ

ラオスに学校を建てる

ここで、一人の人物を紹介したいと思います。60歳を過ぎてから、「自立貢献」を実践する道に入られた方です。

谷川洋《ひろし》さんは、1943年生まれの元商社マン。東京大学経済学部を卒業後、丸紅株式会社に入社し、業務推進部長や関連子会社の役員などを務めましたが、50歳を過ぎた頃、奥さんがガンになりました。谷川さんは海外支店長になるはずでしたがそれを断り、奥さんの看病に専念することにします。前章で述べたように、自分の意思で出世コースを降りたのです。4年半に及ぶ闘病生活を支えて奥さんの最期を看取られたとき、60歳の定年まで残り数年となっていました。

2004年に退職した谷川さんは、人生を完全に切り替えることを決意します。

そのきっかけは、ある日、日本財団に勤めていた後輩から「ベトナムやタイ、ラオスなどの東南アジアの国で、学校をつくるNPOを立ち上げたいのだが、その運営をやってくれそうな人を知らないか」と相談されたことでした。

「目の前にいるじゃありませんか！」

谷川さんは、そう即答したそうです。それが運命の出逢いとなって、谷川さんはAEFA（NPO法人アジア教育友好協会）を設立するのです。


谷川さんはベトナムを中心としたタイやラオスなどの国々に、日本財団の資金で次々に学校を建設していきます。それと並行して、個人からの寄付も集め、協会の経済的基盤を強固なものにしていきました。長年の商社勤務で培ったビジネスの知見を活かしながら、これまでに谷川さんは300校以上の学校を建てることに成功しています。しかもその半数以上は「個人」の寄付で建設費用が賄われているのです。

「学校を設立するなんて、大金持ちにしかできないのではないか」

そう思われる方も少なくないでしょう。確かに日本で私立の学校を設立しようとしたら、数十億円もの資金が必要となります。土地の取得や校舎の建設費用に、それくらいはかかってしまう。しかも、先生方の給料などの人件費や教材費も。

しかし、東南アジアの国々では、数百万円という資金で新しい学校を建てられるのです。増え続ける子どもの数に対して公立の学校が少なく、また老朽化した校舎も多い。それが東南アジア諸国の現状であり、アジアの国々の中でも経済発展が遅れているラオスでは、学校建設は急務です。ですから、日本人のお金で設立された学校はこれまでに100校以上あり、そのすべてが国から認められた公立の義務教育学校になっています。

ラオスに学校を建設すると、国家から感謝の意が示されるとともに、地域の父兄や子どもたちにも大いに喜ばれます。出資者の名前が銘板に刻まれ、開校式に参列すると、感謝の宗教儀式が行われます。それほどまでに、学校はその地域社会にとって「希望」の象徴なのです。

「学校が建つ」ことは、少数民族たちも参加できる「地域のコミュニティの拠点ができる」ことを意味します。

そこで教育を受けた子どもたちが成長することで、衛生に対する意識が地域全体で高まり、乳幼児の死亡率が下がっていきます。また進学率が上がれば、それまで親の世代のように小規模な農業しか生きる道がなかった子どもたちが、教師や公務員、警察官という職業に就くことができます。その子たちがコミュニティに戻ってくることで、産業が振興し、地元が活性化して、地域全体の幸福度が上昇する好循環が起こる。

その最初のきっかけが、「学校づくり」なのです。

教育こそが、国家の礎《いしずえ》をつくる。私たちが暮らす日本の歴史を振り返ってみても、明治維新後に急ピッチで近代化を成し遂げられたのは、教育インフラのおかげでした。江戸時代に各地に設けられた「寺子屋」が「読み書きそろばん」の基礎教育を多くの児童に与えたことで、その後、近代化を成し遂げる有為な人材が国内に育ったのです。

谷川さんは「建物を建てて終わり」ではなく、「建設後も学校を育て続ける」ことを見据えた支援をしています。私は谷川さんの活動を知ったとき、目から鱗《うろこ》が落ちました。そして、すぐにラオスに視察に行って自分の目で現場のニーズを確かめた上で、谷川さんの活動を支援することを決めました。

それが、２０１５年の3月のことです。

60歳からの旗揚げ

その年の秋、60歳になる私は、自分自身の還暦記念パーティーを開きました。「放課後コラム①」で少々触れましたが、ここでもう一度、詳しくお話ししたいと思います。

私にとってそれは、「第二の成人式」でした。

会の終盤、私が応援する事業の主宰者にプレゼンをしてもらう時間を設けました。谷川さんにも登壇してもらい、ＡＥＦＡがラオスで進めている学校建設について話をしてもらいました。

谷川さんのプレゼンが終わるタイミングで、私は会場に向けてラオスでの学校建設に資金を提供する寄付者はいないかと呼びかけました。会場にいたおよそ１５０人の友人に呼びかけると、スッと一人の手が挙がりました。長くマッキンゼーの日本支社長を務め、現在はビジネス・ブレークスルー大学の学長を務める大前研一さんです。なんと、その場で数百万円の寄付を即決してくれたのです。大前さんの寄付はその後、ラオスのマークナオ小学校の建設に充てられることになりました。

大前さんの他にも、私の知人の中には谷川さんのプロジェクトに参加を決めてくれた人が何人もいます。建設予定の学校リストのチラシを見て、すぐに「やりましょう」と応じてくれたのが、Ｙａｈｏｏ！の現ＣＥＯ川邊健太郎さんです。

「寄付はともかく、ラオスに行ってみたいという人はいませんか？」

さらに私が問いかけたところ、何人か賛同してくれたので、その人たちと現地を訪れたこともありました。谷川さんの活動に協力し始めてから現在までに、私自身が関わったラオスの学校は13校です。

現在も友人たちとともに、海外に学校や図書室をつくり続けています。

ここで特に、注目してもらいたい点があります。

それは、谷川さんのチャレンジが「60歳から始まった」ということ。

第1章で紹介した「三点魔法陣」は、キャリアの中で3つの「点」をつくることによってできあがるとお伝えしました。その「三点目」は、60歳からつくり始めても間に合うわけです。そして三点目がうまくいくコツは、谷川さんのように、「！」と感じる驚きがあること、誰もが応援したくなる志に裏打ちされた「旗」が立っていることです。

谷川さんの掲げた「旗」に多くの人が集まるのは、その志に、社会的な「貢献」の高さがあるからに他なりません。２０１９年までに、東南アジアの国々で合計３０４の学校を建設した谷川さんがファウンダーから集めたお金は、総額で12億円以上にもなります。

これからあなたが掲げる「旗」に、どれだけの「貢献」が織り込まれているか。とことん考え抜いてみてください。

世代を超えた交じり合い

貢献は、地域活動でも重要な意味を持ちます。

私が和田中で進めた改革の根本は、「一人ひとりの子どもに徹底的に寄り添うこと」でした。

そのために「地域本部」を立ち上げ、地域社会の大人や、教員を目指す学生を動員したのは先述の通りです。学校の先生だけでは、一人ひとりの子どもに十分なサポートができないからです。

地域本部に参加する大人たちは、「土曜寺子屋（ドテラ）」で学習サポート役を担います。同時に、週に一度の「よのなか科」の授業では、子どもたちと対等の立場で議論する「生徒の一人」になってもらいます。数学や算数の補習や英語特別コースのヘルプなど、ドテラのサポートは、シニアの大人たちがいなくてはとうてい不可能でした。

地域の元気なお年寄りと生徒が入り交じって土曜日に活動したことで、思わぬ効果も生まれました。

その一つが、災害時の避難所の立ち上がりが迅速化したことです。地震や台風や津波などで災害が発生したとき、多くの学校は地域住民の避難所となります。その避難所の立ち上がりが、ドテラを実施したことによって、明らかに早くなったのです。その理由は、地域に住む人々がドテラに参加したことで、教室の配置や設備、先生たちや生徒に馴染むことができたからです。

実は、私が校長をしていた頃も、同様の経験をしました。ある年の9月1日の「防災の日」に、杉並区の全小中学校で避難所立ち上げ訓練があった際、一番早く避難所を立ち上げられたのが和田中だったのです。

こうして「ドテラ」や「よのなか科」の授業を通じて、先生や生徒と地域の大人たちとの日常的な交流が生まれます。すると、いざという災害時に、中学生や高校生は「助けられる側」ではなく、「助ける側」に回ることもできるのです。和田中では、生徒たちが学校にいる日中に大きな地震が起こったときのことを想定して、さまざまな訓練を行っていました。その訓練では、自分たちが安全な場所に避難することはもちろん、先生たちや地元消防団と協力して、地域の高齢者の安否確認や老人介護施設からの避難をサポートすることも視野に入れました。ふだんから緊急時のことを想定しておくことで、中高生であっても学校の周囲に住まう人々の安全安心に貢献することができるのです。

「学校を核として、失われつつあった地域社会を再生し、学習コミュニティを再構築する」という取り組みが、地域のソーシャルセキュリティを高めることにつながるわけです。

その他にも、「学校を地域社会へ開く改革」は、さまざまな効果を生み出しました。地域の大人たちと中学校の生徒や先生とのコミュニケーションが活発化したことで、地域全体の「知的レベル」が底上げされたこともその一つです。

子どもたちは、大人のことをよく観察しています。子どもには勉強を強いるくせに、親自身が何一つ学ぼうとしていなければ、説得力がありません。しかし「真面目に学ぶことは良いことだ」という姿勢を大人自身が持ち、勉強の楽しさや意義を身をもって示せば、子どもは勝手にそれを真似します。

大人が学ぶ姿こそが、子どもにとって最高の教材なのです。

「ナナメの関係」の意義

学校を地域の「核」として、大人と子どもの交流の場をつくることは、子どもたちに「ナナメの関係」を取り戻してもらうことも意味します。

「ナナメの関係」とは、利害関係のない第三者との関係のことです。子どもにとって、自分の親や先生は「タテの関係」に当たります。同世代の友人同士は「ヨコの関係」です。

「ナナメの関係」は、親や先生という立場ではない、大人との関係のことを指します。子どもたちの成長にとって「ナナメの関係」の重要さは、いくら強調しても強調しすぎるということはありません。

子どもは皆思春期になると、親子や先生・生徒の「タテの関係」で下される命令や指示に、疑いの念を持つようになります。大人になるために必要な、反抗期の到来です。しかしいくら反抗心が湧き上がっても、子どもの自分には、正しい判断を下すだけの知識がないことも分かっています。

学校生活に行き詰まったときや、将来の進路に迷ったとき、ふだん仲良くしている「ヨコの関係」の友だちに相談しても、あまり役立つ回答は得られないでしょう。自分と似た立場、同じような文化の中にいる友人からは、異なる視点のアドバイスを得ることは難しいからです。

そんなとき「ナナメの関係」にある、自分と直接の利害関係のない、お兄さんやお姉さん、おじさんやおばさん、おじいちゃんやおばあちゃんなど（必ずしも血縁でつながっている必要はなく、その役割を演じる人物でもいい）、周囲の大人とのコミュニケーションが子どもの救いになることがよくあります。

子どもよりも長く人生を生き、より多くの経験を持ちながらも、子どもに対して、親や先生のような思い入れのないフラットな立場で接することができる「ナナメの関係」の大人からのアドバイスには、納得できることが多いからです。

60代の大人が若い時分には、地域社会のそこかしこに、当たり前のように「ナナメの関係」がありました。それに比べて核家族化が定着した現在の都市部に暮らす子どもたちには、「ナナメの関係」を得る機会がほとんどなくなっています。自分を評価するのは、親と学校や塾の先生だけ、という子どもは決して少なくありません。その結果、自分に自信がなく、「自己肯定感（セルフ・エスティーム）」が低い子どもが増えているのです。

目の前に霧がかかっているような状況でも、勇気を出して人生に踏み出すためには「根拠のない自信」が必要です。そして子どもに「根拠のない自信」を与えてくれる絶好のポジションにいるのが、「ナナメの関係」にある大人なのです。

先生以外の大人が「教える側」でなく自分と同じ「学ぶ側」に立っているとき、中高生の年代の子どもにとって、その大人はまさに「ナナメの関係」のポジションにあります。「ナナメの関係」は、血がつながっている必要はありません。

地域の子どもたちを「ナナメの関係」の大人が守り、癒し、ときに勇気づけ、背中を押すことが大切なのです。

こうして地域の学校は、「貢献」を実現する場として大きな可能性を秘めています。もしも皆さんが、60歳からの新しい人生をスタートするにあたり、何をするか迷っていたら、地域の学校に貢献する道を探ってみることをお勧めします。

お住まいの地域に「地域学校協働本部」があれば、教育委員会からコンタクトをとって、そこに参加されてみるといいでしょう。小学生や中学生とコミュニケーションを取るなかで、新たな人生の目標が発見できるかもしれません。あなたの学ぶ姿勢が彼らの自主性を育む、双方向の関係が生まれてくるはずです。

「かけら」が起こす化学変化

学校を建設したり、学校の活動に参加するなんて、これまで一度も考えたことのない人も多いことでしょう。当然です。

すべてのアイデアは、何かと何かの掛け合わせです。異なる要素を掛け合わせるなかで、思いも寄らぬアイデアが生まれてきます。それこそが第1章からお伝えしてきた「情報編集力」であり、「掛け算」の妙です。「学校」と自分を掛け合わせれば、何が生まれるでしょうか。想像してみるだけで楽しくなってきませんか?

成熟社会は、「みんな一緒」から「それぞれ一人ひとり」への流れにますます進んでいきます。これからの日本社会では、自分と異なる文化的・歴史的背景を持つ異なる考え方の人たちと、どんな「掛け算」をできるかが重要になってきます。

40年近く勤め上げた会社や組織も、残酷な真実ですが、あなたが辞めた途端に、速やかにあなたの存在を忘れます。組織は記憶するためにある集団ではなく、「機能」するための集合体ですから、あなたが去れば、その機能を果たす別の誰かがあなたのポジションを埋めるのです。

会社が組織として記憶するのは、創業者やオーナーである経営者のみです。いや、オーナーでさえも、株を手放したら同じ立場で、社史の中にしか出てこない存在になります。

これからの時代を生きる人は、自分の人生を記憶してもらう装置を、自分でつくっていかねばなりません。それこそが、家族を核にした周囲の人々とのコミュニティだと私は考えています。

大事なことなので、繰り返します。

コミュニティとは、チャレンジと失敗が許容される最小単位の社会集団です。そして新しいコミュニティに参加する際に、最も重要になる心構えが「自立貢献」です。

貢献することで、新たな自分が築かれていきます。コミュニティにおける出逢いを通じて、人はそこに人生の軌跡を刻むことができるのです。

貢献は、小さな「かけら」から始めていけばいい。そのかけらがつながることで、新しい価値が生まれます。

歌手のさだまさしさんは、名曲「天までとどけ」でこんなふうに歌っています。

「出逢いはいつでも　偶然の風の中」
「ふれあいのかけらが　人生を変えてゆく」

あなたがつくった「かけら」をきっかけに、人生が変わる友人が出てくるかもしれません。たとえ、あなた自身が気づかなくても、あなたが生み出した「かけら」は必ずコミュニティにいる誰かに影響を与えます。

ちょっとした会話の中のヒントや、人を紹介したり、されたりすることで、集団の中に化学変化が起きる。それはまさに、目には見えないＤＮＡの組み換えのようなもの。

あなたに一生感謝してくれる人が現れるかもしれません。そうした出逢いの連鎖の中に、あなたの人生が刻まれていくのです。

誰かに何かをしてもらおうとするのではなく、まず自分に何ができるのかを考えてみましょう。その「自立貢献」を通じて、いつしかあなたは人生を終えた後でも、コミュニティの中で「懐かしい人」として記憶されることでしょう。

5-3 「朝礼だけの学校」とあなたが開く学校

65歳からの私の新規事業

本書の紙幅も尽きようとしています。

最後に、私の挑戦をここで紹介したいと思います。

皆さんに60歳以降の人生を生きるための理論や手法を勧めて応援するからには、私自身が現役で実践し続けなければ説得力がありませんからね。

２０２０年の秋、私は65歳になったタイミングで「目覚まし朝礼」というＹｏｕＴｕｂｅを始めました。翌21年1月からは、「朝礼だけの学校」というオンラインの学校をスタートしています。「朝礼だけの学校」は、私がこれまでの50年間に築いた知見とスキルをすべて投入した新規事業です。

「朝礼だけの学校」がつくるコミュニティで目指すのは、「日本の教育改革」です。コンセプトは「あなただけの1万時間に没頭する舞台」。正解のない時代に、参加者同士、お互いが教師と生徒になり、学び合う場となることを目指しています。

現代の「寺子屋」ですね。

授業は基本的にオンラインで行い、毎朝6時54分から動画で講義を配信します。まだ始まって間もない学校ですが、すでに教育関係者だけでなく、ビジネスパーソンや主婦、現役の中学生から政府中枢で働く官僚まで、10代から80代の400名以上が切磋琢磨しています。また、コミュニティのみでの閉鎖的な空間ではなく、武蔵野大学アントレプレナーシップ学部の学生70名を留学生として受け入れるなど、外部とつながるさまざまな取り組みをしています。

読書を好む人が多いこと、また、文章を書ける人が集まっているのもこの学校の特徴です。小学生から大学生、社会人まで、読み書きの訓練の場としても機能しています。本書の執筆も、「朝礼だけの学校」に集まってくれた60歳前後のメンバーからフィードバックをもらいながら書き進めてきました。

私が考えるコミュニティとは、「脳がつながる場所」です。

「朝礼だけの学校」は、参加者一人ひとりの「情報編集力」を高め、「1万時間」をかけて次のスキルを磨きながら、自らの「希少性」を100万人に1人の域にまで高めるための場です。そこに集まった人々の「脳」がつながることで、想像もできない新しいプロジェクトが生まれていくことでしょう。その未来を信じて、私は自分の時間とエネルギーをここに投入しています。

最終的に私が期待するのは、「朝礼だけの学校」の参加者が、いつの日か自分自身の「××だけの学校」を開いてくれることです。

そうなれば、私が蒔いた「種」が、何倍、何十倍にも世の中に広がっていくからです。

そのために私は、「朝礼だけの学校」の収支や経営方法もオープンにして、参加者一人ひとりに「××だけの学校」の開校を促していきたいと考えています。

私はすでに「オンラインコミュニティづくり」という新しい「1万時間」を始めています。まずは5年間走り続けることが、60代後半の大きな目標です。

「朝礼だけの学校」の参加費は、月々1000円（税別）です。

「安すぎる」と驚かれる値段設定ですが、たとえ申込者が殺到して売り上げが予想を超えたとしても、自分の収入とする気はありません。この事業で得た利益は、「朝礼だけの学校」に再投資するか、妻が長くボランティアを続けている「社会福祉法人　子どもの虐待防止センター」に寄付するつもりでいます。

「朝礼だけの学校」は、私自身の「自立貢献」の発露の場なのです。

ぜひ、「朝礼だけの学校」のオンラインの校門をくぐってみてください。そして、「自立貢献」がもたらす風通しの良さを実感してください。ルールがあって、けっして他者から攻撃を受けることはありませんから、安心して発言してもらえます。

私や仲間たちとともに、一緒に、自分自身をレアカード化するチャレンジを続けていきましょう。

DA・DA・DAのリズム

いよいよ本書も、ラストとなりました。

最後に皆さんに、60歳からの人生に向けた「エール」を送りたいと思います。

それは「DA・DA・DAのリズム」です。

ビジネスをされてきた方は、「PDCAサイクル」という言葉をご存じのことと思います。「PDCA」とは管理業務を正確にスムーズに進めるための概念で、

Plan＝計画
Do＝実行
Check＝評価

Act＝改善

のことを意味します。PDCAの順番にプロジェクトを進めていき、最後まで進んだら、再びPlanに戻る。このサイクルを繰り返すことによって、事業やプロジェクトの精度を高めていく方法です。

このマネジメントサイクルは、仕事を正確に遂行する上では普遍的に通用するやり方だと思います。しかし一方で、社会のスピードが劇的に速くなった現代では、PDCAの4段階を毎回踏んでいては、あっという間に変化に遅れてしまいます。

実行したらすぐに改善し、改善案を実行したらまた即、改善する。「Do・Act　Do・Act　Do・Act」、つまり「DA・DA・DA」のリズムに変える必要があるのです。

私はこれを、「DA・DA・DAの無限サイクル」と呼んでいます。

何か物事を実行したら、勢いに乗って「DA・DA・DA」と3度修正を試みる。その結果、うまくいかなければ、そのプロジェクトからすぐに手を引けばいいのです。DA・DA・DAのリズムは、物事の見極めをする上でも非常に有効です。

逆に3回修正を繰り返して可能性を感じたら、100回でも1000回でも修正を繰り返します。世界的な自動車メーカーのトヨタ自動車株式会社では、トラブルが起きたときに「なぜ」を5回考えることが企業文化として定着しています。これも「Do」と「Act」、すなわち実行と改善を5回繰り返す修正主義の一つの方法でしょう。

まずは、実行すること

修正主義を徹底することで、グローバルに大きく成長した企業の代表例がスターバックスコーヒーです。

現在のスターバックスは、美味しいコーヒーやサンドイッチなどが手軽な値段で楽しめる店として、世界中の国々に定着しています。近年は電源とWi‐Fiがあることから、パソコンやスマホを使って仕事ができる空間として、読書をしたり取引先とのミーティングにも使われるようになってきました。

スターバックスと言えば、先進的でおしゃれでフレンドリーな店員とのコミュニケーションを思い浮かべる人も多いでしょう。ところが1980年代のアメリカのスターバックスは、今とはだいぶ違うコンセプトの店だったことをご存じでしょうか。

82年にスターバックスに入社し、のちに会長となったハワード・シュルツ氏は、イタリアに旅行したときに現地のエスプレッソとコーヒー文化に感銘を受けたことで、スターバックスのコンセプトを着想します。

当初シュルツ氏が目指したのは、「完璧なイタリアンカフェ」。イタリアのカフェのように立ち飲みスタイルでエスプレッソを飲みながら、シガーをくゆらせるような店で、音楽もイタリアのオペラがかかっていました。

長い年月の中で、スターバックスを訪れるお客様の様子を注意深く観察しながら、現在のようなスタイルに修正していったのです。スターバックスの今の姿は、修正に修正、そしてまた修正と、飽くなき修正を積み重ねた結果なのです。

修正主義で大切なのは、「まずは、実行すること」です。

実行して結果を得なければ、何を修正すればよいかが分かりません。答えがない不透明な時代だからこそ、「DA・DA・DA」の無限サイクルで突き進んでいく生き方が大事になります。

たとえ失敗しても、すぐに改善すれば、大きなダメージを受けることはありません。とにかく一歩、踏み出すこと。

日本の多くの組織は、これまで「正解主義」に覆われてきました。ミスをすれば経歴に傷がつき、出世の道が阻まれることがめずらしくなかった。そういった組織では、「正解主義」に基づいて事業を一発で当てようとするため、事業計画に2~3年かけることが普通でした。しかしそれだけ時間をかけても、事業はうまくいかないことがほとんどです。誰も責任をとらないまま次の成功に賭ける。そんなやり方がまかり通っていたのです。しかし、それはもう時代遅れでしょう。

Ｇｏｏｇｌｅやアップルのような世界を牽引する巨大ＩＴ企業も、修正主義でプロダクトを開発することが常識になっています。

まず、やってみる。そして、どんどん修正していく。
皆さんもそのやり方で、人生を切り拓いていってください。

2020年の新型コロナウイルス感染症の流行は、世の中の価値観を大きく変えました。「今年も去年と同じような状況が続くだろう」といった予測が、まったく通用しない事態が起こることが分かったのです。

現状のコロナウイルスが落ち着いた後も、たった数カ月で、世界がガラリと変わるような出来事がこれからも起こるでしょう。それも国際情勢や気候変動の問題が取り沙汰される昨今では、10年に一度、100年に一度の大変化ではなく、毎年のように起こる可能性があるのです。

だからこそ、そんな時代に生きる私たちは、修正主義の「DA・DA・DAサイクル」を回していくことが大切です。年単位ではなく、週単位、日単位で、次々にプランを実行し、改善を重ねていくことで、大きく変化する時代を生き抜いていくことができる。

DA・DA・DA。ダ・ダ・ダ。

ぜひ、このリズムを身体の中に刻み込み、実行してみてください。それが習慣になったとき、きっと大きな変化があなたの人生に起きるはずです。

おわりに

人生は掛け算だ――この意味を、今のあなたは実感してくれていると思います。
私は一貫して、人生における「掛け算の理論と技術」を本書でお伝えしてきました。

第1章を思い返してください。

「三点魔法陣」の三角形の面積を広げることは、希少性を大きくすること。この三角形をそのまま「底面」として、立てる旗の高さを上げていく。

するとピラミッドのように見えてきます。人生全体の信用（クレジット）の量は、そのピラミッドの体積が示しています。人からの信用の重要性については、第2章で詳しく解説しました。

また、ピラミッドと言えば、忘れてならないのがその「美しさ」です。

エジプトのピラミッドは、建設当時は現在のような階段状の石積みの姿ではなく、表面全体を白い石灰石の化粧板が覆う、なめらかな四角錐の姿だったと言われています。白い化粧板は陽光を跳ね返し、数キロ先からも銀色に輝く姿がはっきりと目に入ったそうです。

時代を経るなかで化粧板は剝がされ、市内の道路の舗装などに使われ往時の姿は失われてしまいましたが、当時の人々を魅了したピラミッドは、それはそれは美しいものだったことでしょう。

私たちの人生のピラミッドも同様です。「三点魔法陣」の「旗」の高さを伸ばしていく上で、美意識と哲学はとても大切です。美しさに対する意識と、人生に対する洞察がないところに、人は集まってきてはくれません。

美しいピラミッドは、エジプトの王の「墓」でもあります。

第4章では「死に方」を自ら決める「連峰型エネルギーカーブ」の話をしましたが、実は本書は一貫して、「自分の死に場所を自分でつくる」という生き方について語っています。ピラミッドの建設は、たった一人の力だけではできません。多くの人を巻き込み、協力してもらう必要があるのです。

第5章で述べたさまざまな例を参考に、ぜひコミュニティの中で知り合った人々とともに、あなただけのピラミッドを天高く築いていってください。

2021年9月

「朝礼だけの学校」校長・藤原和博

朝礼だけの学校

編集協力　佐藤　譲
イラスト・図版作成　谷口正孝
編集　大場葉子

藤原和博 ふじはら・かずひろ 「朝礼だけの学校」校長
1955年、東京生まれ。教育改革実践家。78年、東京大学経済学部卒業後、株式会社リクルート入社。東京営業統括部長、新規事業担当部長などを歴任し、93年よりヨーロッパ駐在、96年、同社フェローとなる。2003〜08年、都内では義務教育初の民間校長として杉並区立和田中学校の校長を務める。16〜18年、奈良市立一条高等学校校長。21年、オンライン寺子屋「朝礼だけの学校」を開校する。主著に、『10年後、君に仕事はあるのか？——未来を生きるための「雇われる力」』(ダイヤモンド社)、『35歳の教科書——今から始める戦略的人生計画』(幻冬舎)、『坂の上の坂』『負ける力』(ポプラ社)など多数。ちくま文庫から「人生の教科書」コレクション刊行中。詳しくは「よのなかnet」へ。
https://www.yononaka.net

朝日新書
840

60歳《さい》からの教科書《きょうかしょ》

お金・家族・死のルール

2021年11月30日第1刷発行
2021年12月20日第2刷発行

著　者　藤原和博

発行者　三宮博信
カバーデザイン　アンスガー・フォルマー　田嶋佳子
印刷所　凸版印刷株式会社
発行所　朝日新聞出版
〒104-8011　東京都中央区築地5-3-2
電話　03-5541-8832（編集）
　　　03-5540-7793（販売）

Published in Japan by Asahi Shimbun Publications Inc.
ISBN 978-4-02-295146-5
定価はカバーに表示してあります。

落丁・乱丁の場合は弊社業務部(電話03-5540-7800)へご連絡ください。
送料弊社負担にてお取り替えいたします。

JASRAC　出　2107886-102

朝日新書

定年後の居場所

楠木　新

定年後のあなたの居場所、ありますか？　ベストセラー『定年後』の著者が、生保会社を60歳で定年退職した後の自らの経験と、同世代のご同輩への豊富な取材を交え、仕事、お金、趣味、地域の絆、ウィズコロナの新しい生活などの観点からアドバイスする。

戦国の村を行く

藤木久志
解説・校訂　清水克行

悪党と戦い百姓が城をもった村、小田原攻めの豊臣軍からカネで平和を買った村など、戦乱に加え、略奪・人身売買・疫病など過酷な環境の中を人々はいかに生き抜いたのか。したたかな村人たちと生命維持装置としての「村」の実態を史料から描く。戦国時代研究の名著復活。

旅行業界グラグラ日誌

梅村　達

著者は67歳の派遣添乗員。現場では理不尽なお客や海千山千の業界人が起こすトラブルに振り回される日々。魑魅魍魎な旅行業界の裏側を紹介しつつ、コロナの影響にも触れる。笑えたりほろりと泣けたり、読んで楽しいトラベルエッセイ。

宗教は嘘だらけ
生きるしんどさを忘れるヒント

島田裕巳

一番身近で罪深い悪徳「嘘」。嘘はどのように宗教で扱われ、嘘つきはどう罰せられるのか。偽証を禁じるモーセの十戒や仏教の不妄語戒など、禁じながらも解釈の余地があるのが嘘の面白さ。三大宗教を基に、嘘の正体を見極めるクリティカル・シンキング！

自分を超える心とからだの使い方
ゾーンとモチベーションの心理学

下條信輔
為末 大

スポーツで大記録が出る時、選手は「ゾーン」に入ったと表現される。しかし科学的には解明されていない。無我夢中の快や「モチベーション」を深く考察することで、落ち込んだ状態や失敗に対処する方法も見えてくる。心理学者とトップアスリートの対話から探る。

内村光良リーダー論
チームが自ずと動き出す

畑中翔太

ウッチャンはリアルに「理想の上司」だった！ 内村と仕事をする中で人を動かす力に魅せられた著者が、芸人、俳優、番組プロデューサー、放送作家、ヘアメイクなど関係者二四人の証言をもとに、最高のチームを作り出す謎多きリーダーの秘密を解き明かした一冊。

歴史なき時代に
私たちが失ったもの 取り戻すもの

與那覇 潤

第二次世界大戦、大震災と原発、コロナ禍、日本はなぜいつも「こう」なのか。「正しい歴史感覚」を身に付けるには。教養としての歴史が社会から消えつつある今、私たちはどのようにしてお互いの間に共感を生み出していくのか。枠にとらわれない思考で提言。

世界自然遺産やんばる
希少生物の宝庫・沖縄島北部

湊　和雄
宮竹貴久

沖縄島北部にあたるやんばるは、世界的にも珍しい湿潤な亜熱帯雨林だ。2021年世界自然遺産に登録された。やんばる写真の第一人者である写真家と、生物の進化理論を一般に説く手腕で名高い生物学者がタッグを組み、ユニークな生物を紹介。

対訳　武士道

新渡戸稲造／著
山本史郎／訳

新渡戸稲造の名著『武士道』。切腹とは何か？　武士道の本質とは？　日本人の精神性を描いた世界的ベストセラー。「惻隠の情」「謙譲の心」は英語でどう表すか？　『翻訳の授業』の著者・山本史郎東大名誉教授の美しい新訳と、格調高い英語原文をお手元に。

自壊する官邸
「一強」の落とし穴

朝日新聞取材班

7年8カ月に及ぶ安倍政権から菅政権に継承された。長期政権の鍵は人事権をフル活用した官僚統治だった。霞が関ににらみをきかせ、能力本位とはいえない官僚登用やコロナ対策の迷走は続く。官邸の内側で何が起きているのか。現役官僚らの肉声で明かす。

死は最後で最大のときめき

下重暁子

いつまでも心のときめきを、育て続けよう。人は最期のときを前にして、最も個性的な花を咲かせる——。人気エッセイストが、不安な時代の日常をみつめ、限りある命を美しく生き抜く心構えをつづる。著者の「覚悟」が伝わってくる至高の一冊。

こんな政権なら乗れる

中島岳志
保坂展人

迫る衆院総選挙。行き詰まる自公政権の受け皿はあるのか。保守論客の中島岳志氏が、コロナ対策や多摩川の防災、下北沢再開発等の区政10年で手腕を振るう保坂展人・東京都世田谷区長と、理論と実践の「リベラル保守政権」待望論を縦横に語り合う。

諦めの価値

森　博嗣

諦めは最良の人生戦略である。なにかを成し遂げた人は、常に多くのことを諦め続けている。あなたにとって、何が有益で何が無駄か、「正しい諦め」だけが、最大限の成功をもたらすだろう。人気作家が綴る頑張れない時代を生きるための画期的思考法。

人事の日本史

遠山美都男
関　幸彦
山本博文

一大リストラで律令制を確立した天武天皇、人心を巧みに摑んだ武家政権生みの親・源頼朝、徹底した「能力主義」で人事の停滞を打破した松平定信……。「抜擢」「出世」「派閥」「査定」「手当」「肩書」などのキーワードから歴史を読み解く、現代人必読の書！

インバスケット経営思考トレーニング
生き抜くための決断力を磨く

鳥原隆志

ロングセラー『インバスケット実践トレーニング』の経営版。コロナ不況下に迫られる「売上や収入が2割減った状況で行うべき判断」を、ストーリー形式の4択問題で解説。経営者、マネージャーが今求められる取捨選択能力が身につく。

税と公助
置き去りの将来世代

伊藤裕香子

コロナ禍で発行が増えた国債は中央銀行が買い入れ続けた。金利が急上昇すれば利息は膨らみ、使えるお金は限られる。保育・教育・医療・介護は誰もが安心して使えるものであってほしい。持続可能な社会のあり方を将来世代の「お金」から考える。

私たちはどう生きるか
コロナ後の世界を語る2

マルクス・ガブリエル
オードリー・タン
東　浩紀　ほか／著
朝日新聞社／編

新型コロナで世界は大転換した。経済格差は拡大し社会の分断は深まり、暮らしや文化のありようも大きく変わった。これから日本人はどのように生き、どのような未来を描けばよいのか。多分野で活躍する賢人たちの思考と言葉で導く論考集。

米中戦争
「台湾危機」驚愕のシナリオ

宮家邦彦

米中の武力衝突のリスクが日に日に高まっている。中国が台湾を攻撃し米国が参戦すれば、日本が巻き込まれ、核兵器が使用される「世界大戦」の火種となりかねない。安全保障学の重鎮が、複雑に絡み合う国際情勢を解きほぐし、米・中・台の行方と日本の今後を示す。

江戸の旅行の裏事情
大名・将軍・庶民 それぞれのお楽しみ

安藤優一郎

日本人の旅行好きは江戸時代の観光ブームから始まった。農民も町人も男も女も、こぞって物見遊山へ！ その知られざる実態と背景を詳述。土産物好きのワケ、関所通過の裏技、男も宿場も喜ばす飯盛女、漬物石まで運んだ大名行列……。誰かに話したくなる一冊！

データサイエンスが解く邪馬台国
北部九州説はゆるがない

安本美典

古代史最大のナゾである邪馬台国の所在地は、データサイエンスの手法を使えば、北部九州で決着する。畿内ではありえない。その理由を古代鏡や鉄の矢じりなどの発掘地の統計学的分析を駆使しながら、誰にも分かりやすく解説。その所在地はズバリここだと示す。

「檄文《げきぶん》」の日本近現代史
二・二六から天皇退位のおことばまで

保阪正康

2・26事件の蹶起趣意書、特攻隊員の遺書、三島由紀夫の「檄」など、昭和史に残る檄文に秘められた真実に迫る。天皇（現上皇）陛下の退位の際のおことば、亡くなった翁長前沖縄県知事の平和宣言など、印象に残る平成のメッセージについても論じる。

朝日新書

60歳からの教科書
お金・家族・死のルール

藤原和博

60歳は第二の成人式。人生100年時代の成熟社会をとことん自分らしく生き抜くためのルールとは？〈お金〉〈家族〉〈死〉〈自立貢献〉そして〈希少性〉をテーマに、掛け算やベクトルの和の法則から人生のコツを説く、フジハラ式大人の教科書。

頼朝の武士団
鎌倉殿・御家人たちと本拠地「鎌倉」

細川重男

実は〝情に厚い〟親分肌で仲間を増やし、日本史上・空前絶後の万馬券〝平家打倒〟に命を賭けた源頼朝、北条家のミソッカスなのに、仁義なき流血抗争を生き抜いた北条義時、二人の真実が解き明かされる、2022年NHK大河ドラマ「鎌倉殿の13人」必読書。

どろどろの聖書

清涼院流水

「世界一の教典」は、どろどろの愛憎劇だった!? 今、世界を理解するために必要な教養としての聖書、超入門編。ダビデ、ソロモン、モーセ、キリスト……誰もが知っている人物の人間ドラマを読み進めるうちに聖書がわかる！ カトリック司祭 来住英俊さんご推薦。

京大というジャングルでゴリラ学者が考えたこと

山極寿一

ゴリラ学者が思いがけず京大総長となった。世界は答えのない問いに満ちている。自分の立てた問いへの答えを探す手伝いをするのが大学で、教育とは「見返りを求めない贈与、究極のお節介」。いまこそジャングルの多様性にこそ学ぶべきだ。学びと人生を見つめ直す深い考察。